MW01244375

HEBERT AXEL

VIDA Y PASIONES
DE UN TEATRERO NORTEÑO

SEGUNDA EDICIÓN

HEBERT AXEL

VIDA Y PASIONES
DE UN TEATRERO NORTEÑO

SEGUNDA EDICIÓN

Luis Humberto Crosthwaite
Karla Rojas Arellano
(compiladores)

Ediciones Cuarentena 20-20 es una iniciativa editorial
creada en memoria de Hebert Axel González (1960-2020).

Hebert Axel: vida y pasiones de un teatrero norteño
Compilación y entrevistas realizadas por
Karla Rojas Arellano y Luis Humberto Crosthwaite

Diseño de portada:
Ieve González

Fotografías de portada y contraportada:
Alejandro Gutiérrez Mora

Transcripciones:
Luis Adán Gorostiola Vega

Diseño y maquetación:
Talleres Casaverde

© La Campesinela, Hebert Axel González
© Ramón y Cornelio, Luis Humberto Crosthwaite

Segunda edición en Ediciones Cuarentena 20-20, noviembre de 2022.
ISBN: 9798415015290

Primera edición en colección La Rumorosa. Secretaría de Cultura
del Gobierno del Estado de Baja California, junio de 2021.

NOTA A LA SEGUNDA EDICIÓN

La primera edición de este libro aparece dentro de la colección literaria "La Rumorosa, autores de Baja California", un proyecto de la Secretaría de Cultura del gobierno del estado, cuya distribución es gratuita y de amplia difusión. Sin embargo, la premura con la que entregamos el libro a la editorial no nos permitió incluir otras entrevistas que también habíamos realizado para la producción de la película documental sobre la vida de Hebert Axel. Contábamos con testimonios adicionales de familiares, amigos, colegas y alumnos para complementar y expandir sobre su vida y legado. Por ello decidimos hacer una nueva versión, esta vez por nuestra cuenta, en la que se suman cinco entrevistas de Mayra Sánchez, Manuel Villaseñor, Naomy Romo, Teresa Riqué y Jaime Cháidez. Un testimonio adicional de Carlos Puentes y una reflexión de Guillermo Arreola sobre Hebert y la pandemia, publicada originalmente en el suplemento *Confabulario*, de *El Universal* en mayo de 2020. Asimismo, hemos incluido una sección titulada "El teatro en los noventa", que incluye la historia del teatro en ese tiempo narrada por tres de sus protagonistas: Ignacio Flores de la Lama, Fernando López Mateos y Hugo Salcedo.

Nuestra intención es que esta nueva versión circule más allá del ámbito local o gremial para que todos los interesados en la historia de Tijuana conozcan y reconozcan la importancia de quienes contribuyeron, con su talento y pasión, a la profesionalización de las artes escénicas.

Creemos que el arte y la cultura pueden y deben estar al alcance de todos para reforzar la identidad y el sentido de pertenencia de una comunidad. Con este objetivo en mente, ponemos en sus manos este trabajo que está hecho desde el amor y el compromiso con el arte, la cultura y la comunidad. Amor y compromiso que compartimos con Hebert.

Prólogo a la primera edición
Luis Humberto Crosthwaite

Sucede que, a veces, cuando se convive con una persona durante mucho tiempo, se pierden los motivos que en un principio te unieron a ella; el "pegamento" inicial deja de tener importancia porque se vuelve parte de un todo, repleto de experiencias comunes. Así en las relaciones amorosas como en las de amistad.

No se pueden predecir las razones por las que una amistad se volverá duradera; al pasar de los años, los elementos simplemente van embonando, se juntan, creando vínculos sobre los que no es necesario reflexionar porque solo existen y se disfrutan mutuamente.

Sucede de esta forma hasta que esa persona ya no está con nosotros.

Escribo estas líneas a poco más de un año de la muerte de mi querido amigo Hebert Axel González, una amistad que ha cumplido 40 años. He vivido el dolor de su pérdida y el duelo consecuente de una manera muy particular: haciéndolo cada vez más presente en mi vida.

El libro
Esta publicación se hizo como sugerencia de la Secretaría de Cultura del Gobierno del Estado de Baja California. Fue una propuesta del secretario Pedro Ochoa Palacio: "Dame un libro sobre Hebert. Dámelo en mayo y lo publico en junio". Ofertas como esa no se dejan pasar.

Cuando me lo dijo, se me agrandaron los ojos y pensé que sería imposible: estábamos en abril, o sea que tendría un mes para reunir todo el material. Sería un libro exprés, se me cerró el mundo. Luego escuché la voz de Hebert, esa voz tranquila y relajante que bien conocían sus amigos y alumnos. Me dijo: "Tranquilo, manito, tú puedes".

Y, en efecto, pude. Y aquí está. Un volumen que conmemora la vida y pasiones de un teatrero norteño, un artista del escenario que, a través de su labor, buscaba ayudar y enriquecer la vida de los tijuanenses. Su pasión por el arte lo llevó a transgredir lo establecido con tal de lograr un impacto positivo en la sociedad. Fue un soñador que tenía una infinidad de planes, todos dirigidos a lograr un cambio social y que, como un caballero andante, luchó contra los molinos de la burocracia para hacerlo posible. Por eso las puestas en escena en plena banqueta, en colonias marginales y escuelas a donde no llegaban el arte ni la atención de las instituciones. Por eso la lucha de su compañía de teatro por generar los recursos que siempre se le escatiman al arte y la cultura, con el único fin de lograr espectáculos dignos para el público. Por eso su participación para crear la Licenciatura en Teatro de la UABC. Por eso tantas y tantas personas quisieron comunicarse conmigo, deseosas de compartir cómo habían recibido algo de Hebert. Así de generoso era mi amigo, así de grande el impacto en la ciudad que lo vio crecer.

El libro está dividido en tres partes:

I. Teatro: incluye dos piezas dramáticas. *La Campesinela*, que Hebert escribió y representó en múltiples ocasiones cada diciembre desde 1996 y que ahora dirige Laura Durán, continuando con esta tradición tijuanense. *Ramón y Cornelio*, de mi autoría; un texto que fue revitalizado con parlamentos que los actores y actrices ingeniosamente agregaron o modificaron a lo largo de los años. Hasta el día de hoy, *La Campesinela* ha sido representada más de 100 veces, mientras que *Ramón y Cor-*

nelio más de 160. Para la presente publicación se han incluido dos ensayos alusivos a las obras.

II. Entrevistas: seis en total. Tres realizadas recientemente a los actores Adrián Vázquez y Laura Durán, así como Ieve González, artista visual y amigo de Hebert. Tres más con el propio Hebert, una realizada en la Casa de la Cultura de Tijuana, que originalmente se grabó para un documental dirigido por Héctor Villanueva en 2010, y otras dos, publicadas en distintos medios, con motivo de la celebración de los 10 y 20 años de la Compañía del Sótano.

III. Testimonios: incluye palabras del fotógrafo Luis Felipe Cota y una carta muy personal de Carlos Corro, quien fue actor y pareja de Hebert durante muchos años, así como mi *Crónica de una despedida*, que redacté en abril de 2020, pocos días después de que mi amigo perdiera la lucha contra el COVID.

La película

La idea de hacer un documental surgió cuando Carlos Corro me invitó a participar en un video que conmemorara el cumpleaños de Hebert, el primero después de su fallecimiento. El proceso de produccción sería tan arduo como afortunado, tomando en cuenta que se realizó durante la pandemia, cada uno de nosotros aportando su experiencia; en mi caso particular, apoyado por Karla Rojas Arellano, mi cómplice, compañera, coguionista y ahora compiladora de este libro.

Realizamos cerca de 40 entrevistas y escuché múltiples testimonios de gente que estuvo cerca de Hebert. Hablar de él se volvió cotidiano. No me sorprendieron las palabras de afecto y agradecimiento que le dedicaron. Conocía bien a mi amigo y sabía de la poderosa atracción que ejercía en los demás y su deseo permanente de apoyar al prójimo; aún así, el gran número y diversidad de esas voces me cautivaron de muchas maneras.

No es casual que tanto el libro como el documental lleven el mismo título, ambos se complementan, toman partes el uno del otro. Pretendemos dar a conocer el legado de Hebert en las aulas, los escenarios y en la vida de los tijuanenses. Este libro es un necesario apéndice, la posdata que busca dejar constancia por escrito de lo que Hebert realizó dentro y fuera de los espacios que hizo crecer. Los dos proyectos, libro y película, forman parte de un mismo paquete.

EL TEATRO

A la par, buscamos que el foro que se encuentra al interior de la Casa de la Cultura de Tijuana, ubicada en la colonia Altamira, sea bautizado con el nombre "Maestro Hebert Axel González". Siendo muy joven, después de unos años en el Distrito Federal, Hebert volvió a Tijuana convencido de que debería haber temporadas teatrales; no montajes de unas cuantas representaciones, como se hacía entonces, sino puestas en escena duraderas que le dieran al público la oportunidad de asistir al teatro semanalmente. Estaba seguro de que el arte y la cultura eran un derecho al que todos los ciudadanos deberían acceder; para él era importantísimo integrar expresiones artísticas a la comunidad. Sentía que su compromiso como parte de la sociedad era acercar las artes a todo aquel que quisiera vivirlas.

Gracias a su esfuerzo, la compañía de teatro que dirigía acumuló una trayectoria excepcional, algo nunca visto en la ciudad: 50 funciones de la obra *Siempre dije que no*; 54 funciones de *Pluto, el dios de la riqueza*; 25 funciones de *5 y 10*; 50 funciones de *La rosa de oro*, 100 funciones de *En altamar*, 150 funciones de *¿Qué pasó con Schuachanáguer?*; 100 funciones de *Rebelión*; más de 160 funciones de *Ramón y Cornelio*; 100 funciones de *La Campesinela*. Se calcula que tan solo en la Casa de la Cultura de Tijuana, Hebert realizó 750 funciones, además de los 35 años que le dedicó a esa institución como maestro. Su herencia es amplia porque su legado no solo alcanza a quienes lo conocimos sino a futuras generaciones que podrán construir sobre su ejemplo.

Si queremos nombrar el teatro es porque Hebert dedicó décadas de su vida a ese espacio, lo engrandeció con su empeño y su pasión. No es por nada que hemos reunido más de dos mil firmas que apoyan la propuesta de bautizar el teatro. Es obvio que Hebert merece eso... y mucho más.

MEMORIA

Durante la pandemia hemos perdido a seres queridos, y el dolor nos ha movido a realizar diversos actos en memoria de ellos. Encendemos veladoras, les dedicamos una oración o ponemos su foto en el altar de nuestras redes sociales. Guardamos los pequeños detalles, los recordatorios de su presencia como algo muy nuestro, muy particular. Pero cuando esa pérdida genera un luto que repercute en un gran número de personas o en toda una comunidad, es comprensible que algunas personas quieran conocer el porqué. ¿Qué tenía de especial esa persona que merece su nombre en un teatro, un documental y un libro?

El propósito de este trabajo colectivo es conmemorar y preservar no solo la memoria, sino el legado de Hebert Axel González, con el fin de que se sepa quién era él, su labor artística y altruista, para que se conozca al maestro, al promotor, al director, al ser humano.

En lo personal, mi amigo también sobresale por motivos que no son del interés común. Esos detalles tan especiales que tenía en su trato hacia las personas. Sus rituales de fin de semana: cada sábado llevaba a su mamá a comer; cada domingo le dedicaba el día a Leo, su sobrino nieto.

Yo le decía a Hebert que era un "preocupón profesional": si te quejabas de una gripe, pensaba en ti, preguntaba cómo seguías, te recomendaba medicamentos. Si la queja era emocional, vigilaba tu bienestar, rondabas en sus pensamientos porque no quería que sufrieras, no quería que otros sintieran los quebrantos que él había experimentado. Se acercaba siempre con un chiste, una anécdota jocosa, un abrazo, un apretón de

13

manos, siempre cordial, siempre positivo y sonriente. ¿De dónde le salía esa buena vibra? ¿Esa entrega?

Todo ello nos llevó a compilar el material que compone este libro; esto ha puesto a Hebert en el centro de mis actividades y, por supuesto, de mis pensamientos. Me ha dado la oportunidad de cavilar sobre el "pegamento" de nuestra amistad, esas vivencias que se fueron acumulando y nos mantuvieron siempre juntos a pesar de las distancias físicas.

Si no conocías a Hebert antes de leer estas líneas, qué gran honor para mí que este libro sea tu primer contacto con él; si ya lo conocías, reconocerás en estos testimonios a la persona que siempre te recibía con palabras joviales y abrazos. Hebert tenía un gran corazón en el que todos cabíamos y éramos bienvenidos, al que siempre podíamos entrar para sentirnos cobijados.

LUIS HUMBERTO CROSTHWAITE es un escritor tijuanense, autor de varios libros de ficción entre los que destacan *Idos de la mente: la increíble y (a veces) triste historia de Ramón y Cornelio*, *Estrella de la Calle Sexta*, *Instrucciones para cruzar la frontera* y *Tijuana: crimen y olvido*.

14

Hebert dirigió la Casa de la Cultura de Tijuana en 2017-2018.
Foto: Édgar Carrasco.

Foto: Alejandro Gutiérrez Mora.

Foto: Alekz Benavides.

I
TEATRO

La Campesinela
Teatro fronterizo y resignificación
de los arquetipos tradicionales

Martín Torres Sauchett

La migración más emblemática conocida en Occidente es la del Éxodo bíblico. Su tema medular versa en torno a la liberación de la esclavitud que padecían los israelitas en Egipto y de su peregrinaje en busca de la tierra prometida, liderados por Moisés. En el episodio sobresalen tres momentos: 1) el éxodo en sí mismo que implica la ruptura con la esclavitud; 2) el periplo por el desierto lleno de vicisitudes, desencuentros y desobediencia a su Dios libertador; y 3) la expectativa de la tierra prometida. En el mundo contemporáneo se viven nuevos éxodos bajo nuevas circunstancias. De alguna manera, en el caso de la migración en México se repiten los tres momentos del éxodo bíblico, con el añadido de que en este caso se interpone un muro construido para impedir el cruce de indocumentados hacia los Estados Unidos.

La migración llega a uno de sus puntos más complejos y peligrosos cuando los migrantes se enfrentan directamente a la frontera, cuando el muro se interpone entre ellos y la tierra prometida: agentes de migración en vehículos todo terreno, altos muros de metal o concreto y el despliegue de tecnología conforman un ente animado que mira, persigue, amedrenta y obstruye el paso; un monstruo de varias cabezas y ojos por todas partes que recuerda a Cancerbero, el perro de tres cabezas y cola de serpiente, cuya misión era custodiar celosamente la puerta del Hades, de tal manera que los muertos no salieran y los vivos no entraran. En su conjunto, los muros, las cámaras, los sensores y los agentes de migración representan a este terrorífico ser del cual depende quién permanece adentro y quién afuera; solamente los más fuertes logran vencerlo y los más astutos evadirlo. Los protagonistas de esta tragedia son pueblos sin tierra y sin oportunidades viables de sobrevivencia, obligados a emigrar a los estados del norte de México para después cruzar la frontera y establecerse en los Estados Unidos. Las ciudades y poblados fronterizos del norte han acogido a este gran contingente de múltiples identidades; un caleidoscopio cultural siempre en movimiento del que se da cuenta en las expresiones artísticas. Una de estas expresiones es el teatro, que a partir de la década de los ochenta ha sido denominado "Teatro fronterizo" o "Teatro de la frontera", un nombre que se refiere a la producción teatral y dramatúrgica de los estados del norte de México.

Hasta la década de los ochenta, el teatro en Baja California había sido escaso, pero su evolución es verificable en la cantidad y calidad de representaciones teatrales en todos sus géneros y en el surgimiento de nuevos directores, actores y dramaturgos formados en las agrupaciones y los talleres que se fundaron en esos años y en los noventa. Fue una generación de narradores y poetas, como Roberto Castillo Udiarte y Luis Humberto Crosthwaite, que incursionó en la dramaturgia con la adaptación de textos teatrales clásicos y autores que aportaron sus propias creaciones, como Óscar Hernández Valenzuela, Ángel Norzagaray, Hugo Salcedo, Bárbara Colio, Elba Cortez, Daniel Serrano y Edward Coward, entre otros. Algunos de ellos fraguaron una propuesta escénica y una dramaturgia que llevan la marca indeleble de la migración y las identidades emergentes. En este contexto vital se sitúa *La Campesinela* (1996), un texto del actor, dramaturgo y director de escena Hebert Axel González, que aborda el fenómeno migratorio de los mexicanos a los Estados Unidos.

Esta pieza teatral sigue las formas utilizadas para el género de teatro religioso conocido como Pastorela, utilizada por los misioneros durante la Conquista para difundir la doctrina cristiana en la Nueva España. Su argumento está inspirado en un pasaje del *Evangelio según San Lucas* (2, 1-20) donde se narra el nacimiento del niño Jesús, en Belén de Judea, y la adoración por parte de un grupo de pastores a quienes les fue anunciado este acontecimiento. Con el paso del tiempo y de acuerdo a las circunstancias de cada lugar, a este argumento se han añadido una serie de peripecias que los pastores enfrentan en su camino a Belén: los diablos que encarnan a los siete pecados capitales intentarán desviar a los pastores de su objetivo valiéndose de engaños y tentaciones. Aunque la forma de representar estos incidentes se adapta casi siempre a las circunstancias locales en que se representa, no puede faltar la batalla entre el Arcángel San Miguel y Lucifer con su séquito de diablos; una alegoría de la batalla entre el bien y el mal que tiene lugar en el corazón humano y de la cual se desprenden algunas lecciones.

La Campesinela lleva dicho nombre porque sus personajes centrales son unos CAMPESINOS (no pastores) que abandonaron su tierra y emprendieron su tránsito migratorio hacia el norte con la intención de cruzar a los Estados Unidos. Se trata de una farsa en un acto, dividida en catorce cuadros escénicos y un epílogo. El planteamiento de la obra no es complejo, sin embargo, la contextualización vital de los acontecimientos le otorga unicidad y consistencia porque a diferencia de otras pastorelas que representan el nacimiento de Jesús como suceso religioso, *La Campesinela* no tiene lugar en Belén, sino en un tiempo y un espacio distintos, tal como lo indica el libreto original: "La acción se desarrolla en la frontera de Tijuana, B.C., en el muro de acero que marca la división entre México y Estados Unidos", en el presente. La acción se desarrolla en ese contexto vital: seis CAMPESINOS (en realidad siete, porque son tres hombres y tres mujeres, pero una de ellas está embarazada) interactúan con los siete diablos (ataviados con trajes rojos y una colita de conejo al estilo de las modelos de la revista para caballeros *Playboy*) y los Arcángeles San Gabriel y San Miguel. Cada cuadro escénico transcurre bajo un esquema básico: los diablos seducen a los campesinos con la finalidad de que caigan en la tentación de abandonarse a las pasiones más burdas. La estrategia consiste en atacar directamente a las carencias de los campesinos, a lo débil y vulnerable ofreciendo lo más placentero, representando dichas seducciones a través de la actualización de los siete pecados capitales en la vida contemporánea de Tijuana; una ciudad propicia para el representante del mal, ya que esta urbe cuenta con una leyenda negra conocida en todo el mundo.

Llegan los campesinos en grupo, se desplazan siempre muy juntos para dar la impresión de gregarismo. Provenientes de su pueblo, arriban a Tijuana con la intención de cruzar la frontera y establecerse en Estados Unidos. Se les aparece un Arcángel llamado Gabriel, quien los convence de seguir la estrella de Belén y retornar a su tierra; aunque él mismo reconoce que ahí no se les ha tratado bien. La Gula, La Envidia, La Soberbia, La Lujuria, La Pereza, La Ira y La Avaricia inician una conspiración para poner en juego sus atributos y con eso convencer a los campesinos para que se crucen de "pollos" a los Estados Unidos. Como resultado de su deliberación, envían a La Gula vestida de rojo, pero para no ser confundidos con comunistas deben encontrar un atuendo que haga compaginar al rojo con el capitalismo. Se trata de una transmutación moral e ideológica: el color del mal debe aparentar (como ángel de luz, una luz bella que deslumbra, Luzbel) ser el color del bien (Santa Claus o San Nicolás), y esta imagen del bien, a su vez, se convierte en una imagen favorable a los intereses del mal (consumismo y capitalismo). La decisión final es que La Gula se disfrace de Santa Claus y lleve en sus manos una enorme bolsa de palomitas de maíz (*popcorn*). Como muestra, este cuadro escénico marca la pauta para todos los demás, en el sentido de que cada seducción es un engaño que tiene como finalidad desviar a los campesinos del camino hacia Belén.

En el transcurso de los catorce cuadros escénicos de *La Campesinela*, Hebert invierte el sentido de los símbolos navideños encarnados en los Siete Pecados Capitales y los Arcángeles. A todas luces se trata de una farsa satírica donde el sentido crítico se hace presente a través de la ironía y la ridiculización de los arquetipos sociales caracterizados en los campesinos: la migración, las seducciones del *american way of life* (una fuerza avasalladora que pone a prueba la identidad de los migrantes), la necesidad de conseguir empleo, los estigmas de la apariencia física, la riqueza como objetivo primordial en la vida y la necesidad de estar a tono con la moda actual. Sin embargo, no se trata de un planteamiento moral, como podría entenderse en el teatro religioso tradicional, sino de una crítica sociopolítica que desenmascara las seducciones del sueño americano y trasciende en reflexión ética. Con su sentido crítico y sensibilidad social, Hebert Axel González pone a la luz la gravedad de varias problemáticas relacionadas con el lugar de origen de los campesinos, el periplo calamitoso y la llegada a la tierra de promisión: los nuevos nomadismos que consisten en el desplazamiento de grandes contingentes a los lugares donde han sido concentrados los recursos; y en dichos lugares, las nuevas esclavitudes en el servicio doméstico, el campo, la prostitución y el tráfico de drogas.

En el último cuadro escénico se insinúa que la historia tendrá un final feliz: los campesinos no arriesgarán su vida intentando cruzar hacia los Estados Unidos sino que regresarán a su pueblo, el mal será desterrado nuevamente al infierno y el bien triunfará. Para concluir, el Epílogo da un giro inesperado: la mujer embarazada y uno de los campesinos eluden la mirada vigilante del Arcángel San Miguel y trepan el muro de metal para cruzar la frontera. Las consecuencias solo las podemos imaginar con lo que se escucha al otro lado del bordo. Al final no se sabe quién venció, si el bien o el mal. O tal vez se impuso simplemente la cruda realidad de los campesinos: ante la precaria situación de su país, son capaces de arriesgar todo con tal de acabar con la miseria que azota a sus familias, sea por amor, por ignorancia o por la fuerza seductora del sueño americano.

Torreón, Coahuila, 27 de abril de 2021

MARTÍN TORRES SAUCHETT, S.J., es doctor en Literatura Hispanoamericana por la Universidad Complutense de Madrid. Durante las dos últimas décadas ha alternado su labor docente con la de promoción cultural en los planteles Ciudad de México y Tijuana de la Universidad Iberoamericana.

La Campesinela

Hebert Axel González

FARSA EN UN ACTO

PERSONAJES

Los diablos
DIABLO 1, La IRA, que luego será un agente de las fuerzas especiales.
DIABLO 2, La AVARICIA, que se convertirá en un traficante de indocumentados.
DIABLO 3, La LUJURIA, que después será una turista pocha.
DIABLO 4, La SOBERBIA, que se convertirá en un júnior.
DIABLO 5, La PEREZA, que se convertirá en un narcotraficante.
DIABLO 6, La GULA, que será después Santa Claus.
DIABLO 7, La ENVIDIA, que se convertirá en una dama de caridad.

Los arcángeles
Ambos serán interpretados por el mismo actor.
ARCÁNGEL GABRIEL.
ARCÁNGEL MIGUEL.

Los Campesinos
Un grupo de migrantes formado por tres hombres y tres mujeres que llegan a la frontera con la esperanza de cruzar a los Estados Unidos. Una de ellas está embarazada (CAMPESINO F).

Los parlamentos marcados con asteriscos (*) se adecúan cada año, dependiendo de las noticias del momento.

La acción se desarrolla en la frontera de Tijuana, B. C., en el muro de acero que marca la división entre México y Estados Unidos.

Escena I

Entran los Diablos *en medio de una gran bulla. Están vestidos igual: de rojo, con cuernos y un rabito de conejo. Siempre se golpean, discuten por todo, se burlan unos de otros.*

DIABLO 1: ¡Silencio. Ya llegó el público!

DIABLO 7: ¡Tenemos que contar la historia!

Todos *hablan al mismo tiempo, pretendiendo contar al público su historia.*

DIABLO 7: ¡Yo voy a contar la historia! Había una vez...

Repiten la acción anterior.

DIABLO 7: ¡Yo voy a contar la historia!

DIABLO 1: ¿Tú por qué? Siempre comienzas desde Adán y Eva.

DIABLO 6: Yo estoy bien pesado para esas cosas.

DIABLO 3: Tú ni te la sabes bien.

DIABLO 2: Yo tengo mejor voz.

DIABLO 4: Pero yo tengo mejor cuerpo.

DIABLO 5: Pero yo soy la más inteligente.

Discuten a gritos.

DIABLO 6: ¡Shhhhh! Mejor como lo ensayamos.

Entre escándalo, le conceden la razón.

DIABLO 1: Nosotros somos los diablos...

DIABLO 5: ...de esta pastorela...

DIABLO 2: ...que les vamos a contar...

DIABLO 6: ...lo que ocurrió allá en Tijuana...

DIABLO 3: ...con unos campesinos...

DIABLO 7: ...que venían del interior...

DIABLO 7: ...y del exterior...

DIABLO 4: ...a cruzar a los Iunaired Estaits.

DIABLO 1: ¡Ay, no son campesinos, son pastores!

DIABLO 2: ¡Sí son campesinos!

DIABLO 3: Entonces, ¿por qué es pastorela?

DIABLO 4: Es que no encontramos pastores...

DIABLO 5: ...solo campesinos...

DIABLO 7: ...e invasores.

DIABLO 6: Por eso es campesinela.

DIABLOS: Ahhhhhhhh

Discuten otra vez.

DIABLO 1: Todo sucedió en un día común y corriente...

DIABLO 5: ...de una semana común...

DIABLO 7: ...en un mes común...

DIABLO 3: ...de un año común.

DIABLO 6: Había unos campesinos que se querían cruzar al otro lado de la frontera.

DIABLO 4: ¡Ay! ¡No se dice campesinos! ¡Se llaman pollos!

DIABLO 1: ¡Así no! (*Golpea a* DIABLO 2.) ¡Se dice iligals! ¡Debes hablar políticamente correcto...!

DIABLO 2: ¿Por qué me pegas a mí?

DIABLO 1: Porque se hace bache...[1]

DIABLO 7: En un rincón de... Tijuana.

---

[1] Se usa la palabra "bache" como homenaje al director Hugo Palavicino que la usaba para referirse a un silencio innecesario entre dos parlamentos.

Intenta salir de escena. La detienen.

DIABLO 7: ¿Y ahora qué?

DIABLOS: ¡Tú siempre te equivocas!

DIABLO 7: Ya, ya, ya. Digamos el telegrama de papá diablo.

DIABLOS (a*d libitum*): Sí, rápido, de prisa, era urgente, etc.

DIABLO 1: Órdenes de papá Diablo.

DIABLO 7: Punto.

DIABLO 2: Campesinos muertos de hambre.

DIABLO 7: Punto.

DIABLO 3: Misión: exportación de pollos.

DIABLO 7: Punto.

DIABLO 4: Mucho cuidado.

DIABLO 7: Punto.

DIABLO 5: Ángel metiche.

DIABLO 7: Punto.

DIABLO 6: Recompensa...

DIABLOS: Re - cu - pe - rar - co - li - ta. Recuperar colita
   Gran festejo.

DIABLO 4: Shhhh. Bueno, la cosa es que este cuento empieza...

DIABLOS: ...en un rincón de…. ¡Tijuana!
   Se golpean entre ellos al salir de escena.

DIABLO 3: Es por acá, les estoy diciendo...

Diablos 1: Yo tenía razón, qué terca, nunca me hacen caso, apúrense, yo les dije.

ESCENA II

Entran corriendo los CAMPESINOS. *Se percatan de la presencia del público, se asustan y huyen. Los hombres van vestidos de manta, jorongo y sombrero; las mujeres de manta, trenzas y rebozo. Siempre muy juntos. Entra* ARCÁNGEL GABRIEL *de túnica blanca con dorado, alas y aureola. Es rubio de pelo rizado y largo. Trae un arpa en las manos. Detiene la huida de los* CAMPESINOS.

ARCÁNGEL GABRIEL: ¡Pastorcillos!

CAMPESINOS: ¡Campesinos!

ARCÁNGEL GABRIEL: Campesinillos... ¿A dónde vais?

Los CAMPESINOS *lo observan, y se ríen de él.*

ARCÁNGEL GABRIEL: ¿A dónde vais?... ¡Contestad! Vos, ¿a dónde os encamináis?

CAMPESINO A: ¿Ah?

ARCÁNGEL GABRIEL: ¿A dónde os dirigís?

CAMPESINO A: ¿Ah?

ARCÁNGEL GABRIEL: ¿No sabéis hablar?

CAMPESINO A: ¿Eh?

ARCÁNGEL GABRIEL: Sigue la i.

TODOS: ¡Oh!

ARCÁNGEL GABRIEL: ¡Uh!

TODOS: ¡Ah!

ARCÁNGEL GABRIEL: Hermosas e ingenuas criaturas del Señor, ¿acaso no comprendéis mis palabras? ¿A dónde vais?

CAMPESINO B: Ay tutuli que nai chincheca, que cai tatomi.

ARCÁNGEL GABRIEL: ¿No sabéis hablar cristiano?

CAMPESINO C: Marrayagushapuertagabiá.

ARCÁNGEL GABRIEL: ¿No conocéis el español?

CAMPESINO C: ¡Tu for dólar, tu for dólar!

ARCÁNGEL GABRIEL: Que tu for dólar ni que tu for dólar. Pastorcillos...

TODOS: ¡Campesinos!

ARCÁNGEL GABRIEL: Campesinillos... ¿A dónde vais?

CAMPESINO A: Pos al otro lado.

ARCÁNGEL GABRIEL: Ay, sí sabéis hablar. ¿A qué vais al otro lado?

CAMPESINO E: Quesque a barrer ritiartos dólares...

ARCÁNGEL GABRIEL: ¿Por qué decís eso?

CAMPESINO E: Porque ansina mesmo se ve en la tivi.

ARCÁNGEL GABRIEL: ¿Y quién os dijo semejante cosa?

CAMPESINO D: Pos mi compadrito Brandon Pérez, el que puso su puesto en el sobre ruedas, donde matan.

ARCÁNGEL GABRIEL: Vos, la del vientre bendito, venid. ¿A qué vais a los Estados Unidos?

CAMPESINO F (*señalando su embarazo*): American ciri, american ciri.

ARCÁNGEL GABRIEL: Qué american ciri ni qué ojo de hacha. (*Canta cual diva de Bel Canto y baila.*) Ay, panzona, os vais a morir.

CAMPESINO F: No juera siendo.

ARCÁNGEL GABRIEL: Se os puede atorar el chamaco.

Campesino F: ¡Na!

ARCÁNGEL GABRIEL: Sí, vuestro hijito y vos podéis morir de abandono. Ya os veo caminando solitarios en el país extraño, alicaídos, obnubilados y patidifusos. Os veo a todos vosotros hurgando entre la basura, peleándoos por una rata muerta, por comida china sucia y oxidada...

CAMPESINOS: ¡Buag!

ARCÁNGEL GABRIEL: Si os vais a extranjia...

CAMPESINO B: ¿A dónde, tú?

ARCÁNGEL GABRIEL: Al otro lado de la frontera, pues. Seréis tratados peor que bestias, seréis explotados por las ambiciones anglosajonas...

CAMPESINO A: ¿Ah?

ARCÁNGEL GABRIEL: Gringas, gringas, pues... y no tendréis un lugar donde yacer, pastorcillos.

CAMPESINOS: ¡Campesinillos!

ARCÁNGEL GABRIEL: Cuando os enferméis no habrá quien os atienda. Panzona, cuando vuestro chipoclito nazca, no habrá quien os tienda la mano. Estaréis en caja de cartón, cual albergue en la Zona Norte. Pastor... Campesinillos, ¿no sabéis quién soy yo?

CAMPESINOS: No.

ARCÁNGEL GABRIEL: ¿Cómo? ¿No saben quién soy yo?

CAMPESINOS: ¡Shakira!

ARCÁNGEL GABRIEL: ¡Ay! ¿Tan perra me veo?... No, no soy Shakira, soy el Árcángel Gabriel.

Los CAMPESINOS *se hincan y santiguan.*

ARCÁNGEL GABRIEL: Sí, yo, soy el más bonito, el más guapo, rubio, varonil, excelente voz para cantar, piel sonrosada. ¡Ay pero qué bonito soy! (*Enseña la pierna sensualmente, entonando melodía estriptisera. Se siente observado y reacciona.*)

CAMPESINO F: Ay güerito, parece que andas parado de manos.

ARCÁNGEL GABRIEL (*dirigiéndose al cielo*): ¡Es polvo de la aureola, Señor! No, no estoy presumiendo, ¿cómo vas a creer? Ay, ¿a poco ya se enojó el viejito? Una vueltecita para contentar al barboncito. (*Nuevamente hacia los* CAMPESINOS:) Hijos míos, ¿no sabéis un himnillo mundano para acompañar mi danza? (*Baila y canta una melodía popular. Respinga como si le dieran una nalgada. Dirigiéndose nuevamente al cielo:*) ¡Ay, picarón! Sí fuiste tú, conozco tu mano. No, Señor. No voy a decir nada. Sí, ya les voy a dar tu mensaje. Sí, pero ya no me regañes, pues. Ay, ya no me veas que me pones nervioso. (*A los* CAMPESINOS:) Hijos míos, levantaos. No abandonéis vuestra tierra, vuestras costumbres, vuestros afectos y raíces. Vuestras vidas están a donde pertenecéis, donde sí os quieren. (*Al cielo:*) Oye, esto es una mentira, ¿eh? Mira nada más cómo los traen, todos apestosos, desnutridos, hambreados, sedientos, perseguidos por la extrema derecha... ¿A poco por ser humanitario ya soy de izquierda? Bueno, lo digo tal cual. Allá tú, es tu texto. Yo calladito, sin opinar. (*A los* CAMPESINOS:) Hijos e hijas: si la situación es difícil, cambiadla, luchad, haced la transformación, pero regresad, pastorcillos, regresad.

CAMPESINOS E: Sí tú, qué fácil, "hagan la transformación" ¿Y cómo?

ARCÁNGEL GABRIEL: Trabajando. Yo os guiaré siguiendo la estrella. Mirad, es la estrella de Belén, la que os llevará por el camino de la paz y la armonía, la que anuncia la buena nueva. Es la estrella de Belén, seguidme, seguidme...

Salen todos.

ESCENA III

Entran los DIABLOS.

DIABLO 1: Vengan todos por ahí, ¡rápido! ¡Alto!

Se golpean y se caen como dominó, uno tras de otro. Se burlan, se golpean.

DIABLO 7: ¿A que no saben con quién andan los campesinos?

DIABLO 2: ¡Pues con las campesinas!

Ríen.

DIABLO 7: No. Con el ángel.

DIABLO 1: ¿De la independencia?

DIABLO 4: No, de la Altamira[2].

DIABLO 7: No, con el Arcángel Gabriel.

DIABLO 2: ¿Con quién?

DIABLO 7: El Arcángel Gabriel.

DIABLO 5: No lo invoques.

Tiemblan.

DIABLO 3: ¡Ay, ya! (*Los golpea, contándolos.*) 1, 2, 3, 4, 5, 6... me falta uno... ah, pues yo... 7. ¡Tenemos que hacer algo!

DIABLO 1: ¿Pero qué?

DIABLO 2: ¡Matemos al ángel!

DIABLO 4: Sí, qué suave.

DIABLOS: Matemos al ángel, matemos al ángel...

DIABLO 6: N'ombre, se acaba "La Campesinela".

DIABLO 4: No podríamos. El ángel es muy poderoso.

DIABLO 5: Pero él está solo.

DIABLO 7: Y nosotros somos siete.

TODOS: Los siete pecados capitales.

DIABLO 1: ¡Tenemos que hacer algo!

DIABLO 2: Sí, debemos pensar.

DIABLO 7: ¡Uh, difícil!

---

[2] Además del conocido monumento en la Ciudad de México, se esta refiriendo a dos colonias de Tijuana, la Independencia y la Altamira, donde se encuentra la Casa de la Cultura de Tijuana.

DIABLO 2: Está pesado.

DIABLOS: 1, 2, 3 pensar, 1, 2, 3 pensar, 1, 2, 3, pensar...

DIABLO 7: Ya sé, ya sé... me olvidó.

DIABLO 2: Analicémoslo.

DIABLO 6: A ver... ¿cómo, cómo?

DIABLO 4: Pues se te nota.

DIABLO 6: No, ¿que cómo?

DIABLO 3: Pues de todo. Pozole, enchiladas, tortas, tamales, pa-
nuchos, gansitos, garnachas.

DIABLO 6: No, que de qué manera.

DIABLO 5: Pues como pelón de hospicio.

DIABLO 6: No... ¿de qué manera hay que analizarlo?

DIABLOS (*ad libitum*): Ah, pues sí, ya entendió, no se explica.

DIABLO 4: ¿A ver, indiónde son?

DIABLO 3: Pues de todos lados.

DIABLO 1: Que de Veracruz.

DIABLO 7: De Sinaloa.

DIABLO 2: Y de Oaxaca.

DIABLO 4: Y de Honduras.

DIABLO 3: Y de Haití.

DIABLO 6: De China.

DIABLO 7: Gringos.

DIABLO 1: Y franceses.

DIABLO 5: Rusos, japoneses, coreanos, israelitas... Y mexicanos
de La Paz.

DIABLO 3: Entonces no son campesinos, son pescadores.

DIABLO 6: ¡Ay, son como nosotros!

DIABLO 5: Dijo *pejcadores*, no pecadores... (*Festeja.*)

DIABLO 2: ¿Qué es lo que más necesitan ahorita?

DIABLO 1: ¡Comida!

DIABLO 6: Entonces ¿a quién mandamos?

> *Se analizan y después apuntan al* DIABLO 6.

DIABLO 6: A mí ¿por qué?

TODOS: Porque tú eres la GULA.

DIABLO 6: Van a ver cómo dejo a los originarios esos... (*Inicia mutis*).

DIABLO 1: No, no, no, así no te puedes ir a la Tierra, te reconocerían.

DIABLO 6: ¿Pues entonces cómo?

DIABLO 3: Pues en forma humana.

DIABLO 7: ¡Uh, mana!

Ríen.

DIABLO 7: Pero ponte algo calientito porque allá arriba hace mucho frío.

DIABLO 5: Sí, sí, pero que sea rojo.

DIABLOS: Rojo, rojo, rojo...

DIABLO 6: No, van a pensar que somos comunistas.

DIABLO 2: ¿Que somos qué?

DIABLO 6: De izquierda.

DIABLO 2: ¿Qué?

DIABLO 6: Morenopitecus*.

DIABLOS: Uy... (*Se mofan.*)

DIABLO 2: Mejor consigue algo rojo, pero que sea muy capitalista.

DIABLO 1: ¿Cómo va a ser algo rojo...

DIABLO 3: ...y capitalista a la vez?

TODOS: Rojo... y capitalista (*pensando*) rojo... liberalista. (*Llegando a una conclusión, muy felices:*) Rojo... liberalista... rojo...

Los DIABLOS *bailan repitiendo "rojo liberalista" hasta que el* DIABLO 1 *los interrumpe.*

DIABLO 1: Vengan, vengan todos. Eso ya es demodé, fúchila, guácala. El último grito de la moda se llama globalización.

DIABLO 6 *se pone un traje de Santa Clos. Entra con una bolsa de palomitas y, como si fuera una misa, eleva el paquete.*

DIABLO 1: ¡Gula!

DIABLOS: Gula, Gula, Gula.

DIABLO 7: ¡Espérenme!

DIABLO 2: ¡Vete al diablo!

Festejan. Se dirigen a un extremos del foro para observar la escena desde ahí.

ESCENA IV

Entran los CAMPESINOS *corriendo. Los detiene* DIABLO 6 *convertido en Santa Clos/Gula.*

GULA: ¡Hey, pollos, pollos!

CAMPESINOS: ¡Campesinos!

GULA: Campesinitos, vengan, vengan todos los pollitos. ¡Asiéntensen!

Se sientan alrededor de Santa Clos.

GULA: ¿Tienen hambre?

CAMPESINOS (*con gran bulla*): Síííííí.

GULA: ¡Silencio, pollos pelones, que ahí les va su máiz! (*Les arroja rosetas de maíz*).

CAMPESINO A: ¡Ay, qué bueno que no nos dieron frijoles!

CAMPESINO C: Ni que juéramos chanchos*.

GULA: ¿Saben de dónde vienen estas popcorn?

CAMPESINOS: ¡Ohhhh!

GULA: De los Estados Unidos...

CAMPESINOS: ¡Ohhhh!

GULA: ¿Saben que son los Estados Unidos?

CAMPESINOS: ¡Nooo!

GULA: ¡Es la tierra prometida!

CAMPESINOS: ¡Ahhhh!

GULA: ¡El oro crece en los árboles!

CAMPESINOS: ¡Ohhhh!

GULA: ¡Las calles están pavimentadas con dólares!

CAMPESINO D: ¡Tu for dólar, tu for dólar!

GULA: ¿Guatttt?

CAMPESINO D: ¡Pos guándala, guándala!

36

GULA: ¡Claro! Si te cruzas habrá muchos "dalas", que dalas por aquí, que dalas por allá, dalas y dalas.

>*Risas de los* DIABLOS.

GULA: Muchas dalas en América.

CAMPESINO F: ¡American ciri, american ciri...!

GULA: Claro. Si te cruzas, tu niño saldrá rubio y con los ojos de color...

CAMPESINO F: N'ombre... me mata el Pancho.

GULA: ¡No hagas panchos! (DIABLOS *ríen.*) ¿Se quieren cruzar?

>CAMPESINOS *festejan.*

CAMPESINO F: ¿Y la estrella?

GULA: En Estados Unidos hay muchas estrellas. Está... Di Caprio, Robert Downey Jr., Angelina Jolie...

>*Los* DIABLOS *representan a las estrellas que se nombran.*

CAMPESINO F: ¿Y la de Belén?

GULA: No es Belén, es Vin Diesel

>CAMPESINOS *aplauden.*

CAMPESINO F: Belén... Vin Diesel... esa merita andamos buscando.

GULA: Sigan la estrella del sabor: Carl's Junior.

>*La* GULA *hace como que habla mientras los* DIABLOS *opinan desde un extremo del foro.*

DIABLO 2: Ese gordo ya empezó con sus fantasías alimenticias.

DIABLO 4: Tenemos que pararlo... ¡hagamos algo!

GULA: Cruzando el fri wey la encontrarán.

CAMPESINO C: ¡Asté lo será el güey!

>*Burla de* CAMPESINOS. GULA *les avienta palomitas, enojado.*

GULA: Jo jo jo. (DIABLOS *le exigen que le meta más ganas a su personaje. La* GULA *responde con más energía.*) ¡Jo jo jo! Bueno, bueno, bueno... Les voy a contar un cuento muy bonito. Guans supón ataim... a lirel campesinito que perdió toda su cosecha (CAMPESINOS *entristecen*)... pero se fue a los Estados Unidos... (CAMPESINOS *celebran.*)

DIABLO 1: Me late que ya le pegaron al gordo.

DIABLO 2: Recuerden que papá diablo nos dijo que si esta vez no vencemos al ángel, nos iba a quitar los cuernos y no nos iba a regresar nuestras colitas.

DIABLO 5: ¿No extrañan sus colitas?

DIABLOS: ¡Ay, mi colita!

DIABLO 5: Estos pollos están bien unidos.

DIABLO 4: Parecen de criadero.

DIABLO 3: Deberíamos mandar refuerzos.

DIABLO 1: Sí, alguien que los desuna.

DIABLO 2: Ya lo dijo el buen Donald.*

TODOS: ¿El de Daisy?*

DIABLO 2: No, Trump. Desune y vencerás.*

DIABLO 7: ¿Yo por qué?

DIABLOS: Tú eres la Envidia.

DIABLO 3: Sembrarás la discordia.

DIABLO 7: ¡Ay, no! A mí me da miedo esa clase de gente. Acompáñame tú, manita.

DIABLO 3: No, yo no...

DIABLOS: ¡Lujuria, Lujuria...!

DIABLO 2: Mira, si no los convencemos por las buenas, pues por la más buena. (*Sale de escena.*)

DIABLO 1: Estas no van a arreglar nada...

DIABLO 2: ¡No! Son viejas...

DIABLO 4: Yo iré. Nadie tan eficiente como yo.

DIABLO 1: Este me cae gordo por pedante.

DIABLOS: ¿Qué esperabas de la Soberbia?

DIABLO 5: En caliente, a mover la colita....

DIABLOS 1, 2 y 5 (*cantando*): A ver, a ver, a mover la colita, si no la mueves te ponen alitas.

    Salen DIABLOS 3, 4 *y* 7. *Los otros festejan.*

GULA: Alitas... Claro, se puso alitas en los pies y la migra le hacía los mandados. Se puso el nombre del Señor de los Cielos.

CAMPESINOS: ¡Uhhhh!

GULA: Pero antes era el señor de la tierra y la trabajaba arduamente. Pero tan arduo que puso muchos túneles. Después de dalas, muchas dalas, puso su primer McDonalds.

CAMPESINOS: ¡Ahhhh!

GULA: Después un Costco.

CAMPESINOS: ¡Ohhh!

GULA: Luego un Office Depot.

CAMPESINOS: ¡Ihhhh!

GULA: Y hasta se compró su Walmart.

CAMPESINOS: ¡Juuujija!

GULA: También hizo negocios con el Secretario de Gobernación y hasta puso sus franquicias de gasolineras Chevron y Arco.*

DIABLO 1: Este gordo indiscreto ya les va a soltar la sopa de los negocios de papá diablo con las altas esferas.

CAMPESINO E: ¿Y a luego, tú?

GULA: Se hizo millonario, tanto que se mochó con la Suprema Corte para que les alcanzara 600 mil pesos mensuales de sueldo, además de meter a sus parientes en la nómina.*

CAMPESINO F: ¿A poco, tú?

GULA: Fíjate... y también le alcanzó para el NAIM.*

DIABLO 2: Cállate.

DIABLO 3: Es secreto.

DIABLO 1: Nos van a desaforar.*

CAMPESINO B: ¿Y la tierra?

GULA: La compró toda.

CAMPESINO D: ¿Y el agua?

GULA: También la compró para su cervecería, y montar un aeropuerto encima, y eso con agua dulce, porque con agua de mar has de ver lo jugoso del góber con la desalinizadora en Rosarito Beach. Mira, si compró el Congreso de la Unión, imagínate para qué no le alcanzaría. Compró todo lo que encontraba: partidos, elecciones, equipos de fútbol, sindicatos, procesos judiciales, conciencias, noticieros...*

Escena V

Entra Diablo 7 *convertida en la* Envidia, *una dama de beneficencia.*

Envidia: ¡Ay, qué bellos inditos!

Gula: ¿Qué haces aquí? Y ahora son originarios, no inditos.

Envidia: Vengo a relevarte ¡Ayúdame! Qué originarios tan pintorescos, están como para tomarles una selfi. (*Se toma una selfi con los* Campesinos.) Y la voy a poner en la sala de mi casa, no, mejor en el lobby de mi asociación. ¿Se quieren cruzar al otro lado?

Campesinos *asienten.*

Envidia: Pero si los ven así de mugrosos, los gringos van a pensar que se van de puritita necesidad, ¡Qué vergüenza! Pero están de suerte. Yo soy miembro de una asociación de protección al migrante, y los voy a poner monísimos. ¡Ay, mira qué trenzotas tan... feas! (*Reparte regalos a los* Campesinos.) Toma, te aplicas este tinte rubio, te sueltas el pelo. Ya que estés guapísima, te vas a Hollywood a trabajar... de criada. (Campesinos *festejan con gran entusiasmo.*) ¡Ay, qué ternura, mira la panzona! Si te cruzas, tu hijo será rubio, ojiclaro, muy alto...

Campesino F: ¡American ciri, american ciri!

Campesinos *festejan con gran entusiasmo.*

Envidia: Toma. Te regalo el certificado de nacimiento... gringo.

Campesino A: ¡Ya se rayó el Pancho!

Envidia: ¡Ay, mira, qué guapototote! A ti... te regalo esta tejana, te enseñas a bailar tex-mex, y de ahí te vas a trabajar al fil...

Campesino A: ¿Qué es eso?

Envidia: El campo, niño, el campo. Trabajarás de sol a sol, dejarás los pulmones, los riñones, el hígado y hasta el último aliento, y luego te van a pagar diez dólares. Con ese dinero vas a tu tierra y compras todo el pueblo. Serás feliz para siempre jamás, amén.

Diablos: ¡Ayyyyy!

Envidia: Ah, méndigo… qué suerte tienes, ¿Y tú, qué quieres?

Campesino D: ¡Yo yo yo yo! Un jacal. Allá en los Iunaired Esteits.

Envidia: ¿Cómo que un jacal? Qué poco piden estos originarios, por eso están así de pobres. Vivirás en una mansión en La Joya, como si hubieras sido procurador de justicia o gobernador, con piscina olímpica, con jardines orientales, chofer a la puerta. Ahí serás… el jardinero. Aquí tienes tu solicitud de empleo… ¡en inglés!

Campesinos (*ad libitum*): Yo, yo, a mí. Falto yo, quiero más, un rancho (*etcétera*).

Envidia: Ay, qué violentos. Ya no tengo nada para ustedes y no se vayan a pelear. Ya los conozco como son de envidiosos, les da una regalos y así pagan. Malagradecidos, violadores, asesinos y criminales deben ser.

    Campesinos *se pelean.*

Envidia: Indios patas rajadas, envidiosos serán.

    Los Diablos *azuzan a los* Campesinos *para que continúen peleándose.*

Campesino F: No se peleyen. Que no se peleyen. ¡Esténse sosiegos! ¿A qué vinimos pacá? A juntar retehartos dólares pamandar pallá. Arrejúntensen. Por eso nos joden, porque siempre estamos de envidiosos y no sabemos estar juntos. Ansina no es la cosa. Mejor hay que estar juntos. Ansina naiden nos hace nada.

Campesino E: La Rosita tiene razón.

Campesino F: Mejor vamos a seguir la estrella que nos dijo el ángel, esa, la de Vin Disel.

    Campesinos *inician mutis.*

Escena VI

Entra Diablo 4 *convertido en la* Soberbia, *vestido de saco, con corbata y con pañal.*

SOBERBIA: ¡Mexican curios! Ay no, qué pasado de moda estoy. ¡Latinamerican curios! Ustedes, sombrerudos y trenzudas, vengan acá.

TODOS: Diga asté.

SOBERBIA: ¿A dónde creen que van?

CAMPESINO C: Pos a seguir la estrella.

CAMPESINO B: Queremos regresar a nuestra tierra.

SOBERBIA: ¿Para qué? Allá, nadie los quiere.

CAMPESINO D: Si nos quieren, nuestros parientes y nuestros compadres.

SOBERBIA: Aparte de la raza chichimeca y maya, ¿quién? No, naquitos. México es a modern contri. Los indígenas ya no caben. A ver, ¿tienen carro?

CAMPESINO A: Sí, uno que jalan los bueyes del arado.

SOBERBIA: No sean bueyes. Yo tengo un Hummer del año que me regaló mi deri. (*Salen los* DIABLOS.) ¿En qué trabaja su jefe?

CAMPESINO B: No, pos, el patrón no ocupa...

SOBERBIA: ¡No! Su apá. (CAMPESINOS *dudan.*) Su tata, para que me entiendan.

CAMPESINO B: Pos son disimpliados, porque no hay dinero para...

SOBERBIA: Aparte son pobres. No pueden entrar a Guanajuato. ¿Pero sí tiene el Iphone XS?*

CAMPESINO A: ¿Qué es eso?

SOBERBIA: Un celular.

CAMPESINO A: No, pos sí se lo lava.

SOBERBIA: Pues no parece, ha de ser costeña. ¿O sea, que ni siquiera me pueden echar un whatsapazo?

CAMPESINO B: No, pos eso si... (*Intenta golpearlo.*)

SOBERBIA: Dije whatsapazo... no pu.... ¡Qué chema!

CAMPESINO E: José María se quedó en el pueblo cuidando a su nana.

SOBERBIA: ¿Nana? ¿Tienen nodriza?

CAMPESINO A: ¿Nodriza...? Nodriza la que me va a poner mi vieja si no le mando los dólares.

SOBERBIA: ¿Quieren dólares?

CAMPESINO D: ¡Tu for dólar, tu for dólar!

SOBERBIA: Pues váyanse al otro lado.

CAMPESINO F: No, si está rete difícil.

SOBERBIA: No, está so isi. Llegas como Pedro por tu casa, pones cara de miseria y te dan asilo, y más si estás embarazada, pasas con la panza por enfrente.

CAMPESINO F: No. Vamos a seguir la estre...

SOBERBIA (interrumpiendo): Mira, María Candelaria...

CAMPESINO F: Soy Rosita.

SOBERBIA: Pues yo te veo prietita... Mira Coyolxauhqui, aquí no tienes futuro. Vas acabar vendiendo artesanías en las esquinas, o tú, Tizoc...

CAMPESINO C: Brayan Tizoc.

SOBERBIA: Uuuy, Brayan Tizoc, eres chairo*. Podando jardines en las casas decentes. Háganle un favor al país. ¡Esfúmense! Del bordo para allá. Apúrense, dense prisa, antes de que lleguen y suban el muro, muro que yo no pienso pagar, porque yo soy el muro*.

CAMPESINO B: No, el Ángel nos dijo que no dejemos nuestras raíces.

SOBERBIA: Ah, qué india tan mula. O te callas o te mando a Ciudad Juárez. ¿O a Tijuana? Tijuana, Cd. Juárez; Cd. Juárez, Tijuana... Es Igual, pal caso es lo mismo. Ustedes son ignorantes, flojos, marihuanos y cochinos. ¿No se dan cuenta de que nos desprestigian en la comunidad internacional? ¿Qué va a decir Donald?*

CAMPESINOS: ¿El de Daisy?

SOBERBIA: No, Trump.*

CAMPESINOS: ¡Uughh!

CAMPESINO C: Pos por eso mesmo nos regresamos a nuestra tierra...

CAMPESINO A: Pa no estar recibiendo ensultos...

CAMPESINO D: ...ni maltratos de siñores como asté.

CAMPESINO E: Chamaco sangrón.

CAMPESINO C: Ojos color de esputo.

CAMPESINOS *se disponen a salir.*

Escena VII

Entra coreografía de "Devil in a blue dress", interpretada por los DIABLOS *1, 4, 2 y 5 (hombres). Luego se retiran a un extremo del foro desde donde observan.* DIABLO 3 *viene convertida en La* LUJURIA, *con un vestido entallado que lleva los colores de la bandera de Estados Unidos, con botas blancas de charol, peluca rubia y gafas de sol.*

DIABLO 2: ¡Esa de rojo... es mi hermana!

DIABLO 1: ¡Cuñado!

DIABLO 2: ¡También es tu hermana!

DIABLO 1: No importa, ¡me encanta el incesto!

LUJURIA: Compadritos... com jir. (*Se acercan los* CAMPESINOS *que tratan de manosearla.*) ¡Suéltenme, babosos! Ay min... güeit a secon.

CAMPESINO A: ¿Ah?

LUJURIA: Poquito, poquito...

CAMPESINO C: Todito, todito...

LUJURIA: Compadritas... compadritas...

CAMPESINOS A, C y D: Mejor los compadritos.

CAMPESINO E: ¡Pos esta!

CAMPESINO F: ¡Canija!

CAMPESINO B: ¡Cusca!

LUJURIA: Cusca no... ¡Guapa! Comadritas, ¿no les gustaría tener sex apil?

CAMPESINO E: No, pos si no vino ninguna Pili.

LUJURIA: ¡No!... tú sexi para hombres. ¿Wud yu laik it?

CAMPESINO E: ¡Estése sosiego!

CAMPESINO F: ¡Ai te quedas!

CAMPESINO B: ¡Si te mueves... canta el zinzontle!

CAMPESINOS B, G Y E: Pos sí nos gustaría.

LUJURIA: Tú, fodonga, ¿No te gustaría tener vestido que marque figura para hombre? ¿Wud yu laik it? Y tú, greñuda... ¿No te gustaría tener el cabello como el mío? ¿Wud yu laik it? Y tú, panzona... ¿No te gustaría tener el cuerpo como el mío? Com jir, lisen: yo antes ser Mecsicana, llegué de Michoacán, an naw ay liv in Míchingan, so, den I cros el bordo laik a chiquen, Ay bot dis dres, compré "Inglés con Barreras", an naw, ¡luk at mi! Si te cruzas a los Estados Unidos van a tener muchos vestidos sexis, muchos gringos wit sexi bodis an a lot, a lot of sex. ¿Wud yu laik it?

CAMPESINOS B, G y E: ¡Si le laiquiamos!

LUJURIA: Gud, gud, gud... Compadritos ¿No te gustaría sentir caricia de mano? ¿No te agrada may perfume? ¿No se te antoja oler mi cabello? ¿No desearían ser latin lovers? (CAMPESINOS *la cargan como en las clásicas coreografías de estrella estadounidense.*) ¡Me siento como la Yey Lo! Todo esto lo pueden conseguir en los Iunaired Esteits of América.

CAMPESINO F: Ahí viene el ángel...

LUJURIA: ¿Einyel? Ay no, qué miedou; yo ya me voy, ¡Ayúdenme, bros!

> Sale la LUJURIA. CAMPESINO A *la sigue hasta que esta desaparece de su vista. Regresa poseído al grupo de* CAMPESINOS.

ESCENA VIII

Entra el ARCÁNGEL GABRIEL *interceptando al* CAMPESINO A. *Salen los* DIABLOS.

ARCÁNGEL GABRIEL: ¡Vade retro, Satanás!

CAMPESINO A (*recuperado*): Fuchi, ¡huele a azufre!

ARCÁNGEL GABRIEL: ¡Pastorcillos!

CAMPESINOS: ¡Campesinos!

ARCÁNGEL GABRIEL: Campesinuchos... ¿Muy bonito, no?

CAMPESINO C: Deje lo bonito... ¡Estaba rete güena!

ARCÁNGEL GABRIEL: ¿Y qué fue lo que le visteis?

CAMPESINO D: ¡Pos todito, todito!

ARCÁNGEL GABRIEL: ¿Qué os estáis creyendo?

CAMPESINO C: Quesque ya soy latin lover.

ARCÁNGEL GABRIEL: Que os quede harto claro. El único latin lover aquí, soy yo. No os mováis. ¡Quietos! Y vosotras, de rodillas, pecadoras, iscariotas...

CAMPESINAS: ¡Campesinas!

ARCÁNGEL GABRIEL: De rodillas, he dicho. ¡Tenedme el arpa! (*Le da el arpa a la embarazada y comienza a jugar con ella.*). No me estéis cucando, panzona, no me estéis cucando. ¡Traed! (*Le quita el arpa.*) ¿Qué os dijeron esos seres abominables?

CAMPESINO D: Pos nos dijeron que íbamos a tener harto sexapili.

ARCÁNGEL GABRIEL: Harto sexapili... (*Le pega con el arpa.*) Fodonga esta. ¡Miraos en un espejo! Y a vos, ¿qué fue lo que os dijeron?

CAMPESINO A: Mi no hablar español. ¿Gul yu laiken?

ARCÁNGEL GABRIEL: No, ay rili dunot laik it creizy jer and dont boder mi, bicos wen ay am angri... (*Dirigiéndose al cielo:*) Perdón, Señor, pero es que ya sabes que cuando me enojo me entra el don de lenguas y ahora me salió el idiomucho ese de salvajes. Perdón. (*A la embarazada:*) ¿Y a vos, panzona, qué os dijeron?

CAMPESINO F: A mí me dijeron que mi chilpayate iba a salir güerito y con ojo claro, mesmamente como los de asté.

ARCÁNGEL GABRIEL (*dirigiéndose al cielo*): No es mío, ¿eh? No es mío. Que me hagan la prueba de ADN, la Elisa y hasta el papanicolau. ¡No es mío! ¡¿Queeeé?! ¿Que yo les estaba pegando? ¡No es cierto, Señor! ¿Quién te dijo eso? Ya sé, ¡fue Miguel! No, no lo tapes. Sí, fue Miguel... es que me tiene envidia... me tiene coraje... Es lógico... ¿cómo que por qué? Te explico: ¿a quién le diste la túnica mas larga? A mí.

¿El arpa, melodiosa? ¡A mí! ¿La voz más entonada? ¡A mí! Es que, pobre, a él le diste solamente un puñalito de este tamaño... ¡Ihhh! ¿Cómo que lo vas a mandar a él a terminar este mi ministerio? No, Señor. (*Dirigiéndose al técnico de iluminación cuando descubre que la luz no lo sigue:*) Señor... señor... el de las luces, ¿se puede mover? Estoy hablando con Dios... gracias. (*Dirigiéndose nuevamente al cielo:*) A Miguel no... Oh, que no... Gracias. Bueno, pues ya no me quites el tiempo, ¡cúchala! Sí, gur bai. (*Dirigiéndose a los* CAMPESINOS:) Campesinos, ¿qué fue lo que os dije?

CAMPESINO A: Que siguiéramos la estrella del sabor.

CAMPESINO C: La de Vin Diesel.

ARCÁNGEL GABRIEL: No. Os dije que siguieran la estrella... pero la de Belén. Mirad, allá está de nuevo. ¿Pero qué os dice? Os envía un mensaje.

CAMPESINO F: ¡Pos no le entiendo nada!

ARCÁNGEL GABRIEL (*pronunciación afrancesada*): Es que está en clave Morse.

CAMPESINO C: ¿Eh?

ARCÁNGEL GABRIEL: Clave Morse, hombre. Yo os traduzco. Os dice que regresen a vuestro paisaje, a vuestros magueyes, a vuestros nopales, a vuestros tamales, a vuestros pozoles, a vuestros tejuinos, a vuestro tequila.

CAMPESINOS: ¡Ajúaaaaa!

ARCÁNGEL GABRIEL: Regresad, pastorcillos, Yo os guiaré a la felicidad. Hijos, hijas, hijes, seguidme, seguidme.

Salen todos.

ESCENA IX

Entran los DIABLOS 1, 5 *y* 2 *convertidos en la* IRA, *la* PEREZA *y la* AVARICIA *respectivamente. Uno vestido como policía de las fuerzas especiales, el otro como clásico narcotraficante y el último como pollero (traficante de indocumentados).*

Vienen seguidos de los otros Diablos, *que se colocan en un extremo del foro desde donde observan.*

Avaricia, Pereza, Ira: Chiquirrín chiquirrás, chiquirrín chiquirrás, más chiquirrín, más chiquirrás. Van a ver cómo se hace.

Avaricia: Les vamos a demostrar por qué somos los consentidos de papá diablo.

Pereza: Nosotros no somos llamarada de petate.

Ira: Somos el alma del Popo...

Pereza: ...catépetl.

Avaricia: Nosotros sí cumpliremos la misión.

Pereza: Nosotros somos más prendidos.

Ira: Los vamos a quemar.

Diablo 3: ¿Y los pollos?

Avaricia, Pereza, Ira: ¡Los vamos a rostizar!

Diablo 4: ¿Y al ángel?

Ira: ¡Al horno!

Avaricia: ¡No, a la ver... no!

Avaricia, Pereza, Ira: ¡1, 2 3... sobres!

Ira: La Ira.

Pereza: La Pereza.

Avaricia: Y la Avaricia.

Ira: Somos las fuerzas que mueven...

Pereza: ...al mundo...

Avaricia: ...y al infierno...

Avaricia, Pereza, Ira: ...también.

Pereza: Ay, gordo, tú que les ofreciste tantas cosas y solo les llevaste palomitas.

Ira: Y tú, Envidia, en lugar de dividirlos, los uniste.

Avaricia: Y tú, don soberbio, ¿no que muy efectivo? No pudiste ni cruzarlos la calle.

Pereza: Y tú Lujuria...

Ira: ...¿no que muy cachonda?

Avaricia: Ni siquiera los entibiaste.

PEREZA: Nada más llegó el ángel...

IRA: ...y te enfrió todita.

AVARICIA: Pero, ¿quiénes no pudieron?

IRA: ¿Por qué?

AVARICIA: Porque no llegan ni a brasas.

PEREZA: ¿Qué brasas? ¡Ni a piloto de estufa!

IRA: ¿Qué piloto de estufa? ¡Ni a cerillos del perrito!

AVARICIA: Ya, ya... ¿quién va primero?

IRA: ¡Tú!

AVARICIA: ¡No, tú!

IRA: ¡No, tú!

AVARICIA: ¡No, tú!

PEREZA: Oh, que la...

AVARICIA: Ahí muere, ahí muere. Mejor echemos un arrastradito, ¿cara o cruz?

AVARICIA, PEREZA, IRA: ¡Aaaaaaaayyyyyyy!

AVARICIA: ¡Perdón, perdón!

IRA: ¡Císcale, císcale, diablo panzón!

PEREZA: No, ese está allá sentado.

AVARICIA: Ahí va, ¿cara o suástica?

IRA: ¡Me gusta el signo natzi retortzido!

AVARICIA: ¡Suástica! Ganaste.

IRA Y PEREZA: ¡1, 2, 3, sobres!

IRA y AVARICIA: ¡1, 2, 3, sobres!

    Salen La PEREZA *y La* AVARICIA.

ESCENA X

    Entran CAMPESINOS.

IRA: ¡Alto, hijos de la... Guelaguetza! ¿A dónde creen que van?

CAMPESINO F: A seguir la estrella.

IRA: Esa es una cantina ¡Cuscas!

CAMPESINOS B, G Y E: Cuscas no, ¡guapas!

IRA: ¿A dónde van?

CAMPESINO E: Vamos siguiendo la estrella de Belén.

IRA: Sonsa. Es la de Vin Diesel.

CAMPESINO F: No, es la del niño Dios.

IRA: Ese chamaco ya creció. Ya hasta tiene pelos…. en la barba. ¿Quién les dijo eso?

CAMPESINO A: El patroncito ángel.

IRA: Los ángeles no existen.

CAMPESINO C: Nosotros vinos uno, y no estábanos borrachos.

IRA: Era… campanita, la amiga íntima de Peter Pan.

CAMPESINO C: ¡Yo quiero pan!

IRA: ¿PAN? ¿Aunque haya perdido?*

CAMPESINO C: Sí, ni que anduviera chapulineando pa ser diputada.

IRA: ¿Saben que aquí es delito ser campesino?

CAMPESINO B: ¡Ora resulta! ¿Por qué?

IRA: Porque rompen con el estilo clásico, surrealista, churrigueresco, art nuvó y rococó de la ciudad.

CAMPESINO C: ¡Ah, pos yo no entiendo nada!

IRA: Quiero decir que ustedes los campesinos ensucian las banquetas, estorban en las calles, interrumpen el tránsito peatonal y por su culpa nos cierran la garita internacional*. ¡Y muévanse, muévanse, si no les cobro más predial! ¿Saben qué? Me los voy a llevar a la 20.

CAMPESINO D: ¿Qué es eso?

IRA: La que está antes de la 19.

CAMPESINO F: ¡Será después!

IRA: Depende de dónde vengas.

CAMPESINO C: ¡A lo mejor ahistá mi amá!

IRA: A ver, Tizoc, ven para acá.

CAMPESINO C: Brayan Tizoc.

IRA: ¡Uy! Brayan Tizoc, tu mamá…

CAMPESINO C: ¿Mi mamá?

IRA: Tu mamá.

CAMPESINO C: Mi mamá.

CAMPESINOS: Su mamá.

IRA: Tu mamá está... paradita en una esquina de la Calle Primera.

DIABLO 3: No... a esa ya la mandamos hasta la Quinta.

  DIABLOS *festejan.*

CAMPESINO C: ¡Ya encontré a mi amá!

  CAMPESINOS *festejan.*

IRA: ¿Ustedes son los que se quieren ir de mojados? Como soy un servidor público, yo les voy a ayudar. (*Moja a los* CAMPESINOS *con una pistola de agua.*) Pero antes necesito que me den una mordida.

CAMPESINO B: Haberlo dicho antes, yo tengo requete güena mazorca.

IRA: No. Que me den algo de valor.

CAMPESINO A: Pos ahístá la Lupe.

IRA: No, que hagamos un trueque.

CAMPESINO B: A mí naiden me traquetella.

IRA: No, que me den algo a cambio de la información que yo les voy a proporcionar.

CAMPESINO C: Aquí tiene, patroncito. (*Le entrega en la mano un crucifijo.*)

IRA: ¡Ay, ay, ay! ¿Qué me diste, qué me diste?

CAMPESINO C: Pos mi crucifijo bendito.

IRA (*soplándose la mano para aliviar el dolor*): Les voy a ayudar, les voy a mandar a un amigo para que hagan un trabajito y me puedan pagar la mordida. Aquí espérense, no se muevan.

  La IRA *sale de escena, se cruza con La* PEREZA *y se saludan.*

IRA Y PEREZA: ¡1, 2, 3, sobres!

ESCENA XI

PEREZA: ¿Ustedes son los que se quieren cruzar?

CAMPESINOS: ¡Ay, si!

PEREZA: Yo les voy a decir cómo ganar dinero fácil, sin complicaciones y sin trabajar.

CAMPESINO A: ¿Como los diputados?

PEREZA: No.

CAMPESINO D: ¿Como los regidores?

PEREZA: No, tampoco. Hay que esforzarse un poquito. Aquí les traigo un regalito. (*Saca bolsitas que contienen polvo blanco.*) Pásala, pásala. ¡Así no! A la sorda, a la sorda.

CAMPESINO C: No, la sorda no vino, se quedó en el pueblo.

PEREZA: ¡No!, que discretamente.

CAMPESINOS: ¡Aahhhh!

PEREZA: Explico una sola vez, porque me da mucha flojera repetir las cosas. ¡Ay de aquel que respire siquiera! Pongan mucha atención porque si no los elimino, los encobijo, los encajuelo, los pozoleo.

GULA: ¡Qué rico!

PEREZA: Y te vendo un plato el domingo. Cruzan Beyer bulevar. Estación del troli. Contra esquina. Troca negra. Un hombre alto, corpulento. Un ojo rojo...

CAMPESINO C: ¿Y el otro?

PEREZA: ¡También! Señas particulares: tatuaje en la nariz, un moco. Contraseña: 1, 2, 3... sobres.

CAMPESINOS: 1, 2, 3... encima.

PEREZA: No, encima no. ¡Sobres! Pero a la sorda.

CAMPESINOS: ¡Aaaahhhhh! (*Susurrando.*) 1, 2, 3... sobres.

PEREZA: Perfecto. Ustedes le entregan la mercancía directamente y él les dará la feria.

CAMPESINO B: La feria.

CAMPESINO B: Ya se me antojó un elote.

CAMPESINO E: ¡Ay, yo quiero subirme a los caballitos!

PEREZA: ¡Zopencas! Digo que recibirán la lana.

CAMPESINO D: Ah, los borreguitos también.

PEREZA: No. Fíjense, si los agarra la chota, la migra o los venadea el helicóptero, yo no los conozco, ustedes nunca me han visto, yo me pinto.

La PEREZA *antes de salir, saluda a la* AVARICIA, *que entra.*

PEREZA y AVARICIA (*saludándose con un jai faiv*): ¡1, 2, 3, sobres!

ESCENA XII

AVARICIA: Ese ángel va a ver quién es el más fregón. ¿Ustedes son los que se van a cruzar?

CAMPESINOS: ¡Síííí!

AVARICIA: ¿Simón?

CAMPESINO A: Simón no vino... no vino Simón.

CAMPESINO F: Se quedó en el pueblo ayudando a la sorda...

CAMPESINO D: ...que cuida a la ciega...

CAMPESINO B: ...eso dijo la muda.

AVARICIA: ¡Ah, qué tarugo! Ni pex, menos lana. Truchas, no me hagan perder el tiempo. El tiempo significa dinero, luz, varos, marmaja, fierros, papeliza... ¿Okey? ¿Okey? Vamos todos hacia la línea. 1, 2, 3 (*Inician mutis.*) ¡No, así no! ¡No sean imbéciles! De taim is moni, lana, billetes, plata, morralla, centavos, pachocha... Vamos organizándonos rápidamente. A ver tú, fodonga, greñuda, panzona... ¡de este lado! Ustedes dos acá.... ¡Hey, compita! ¿Qué onda, qué onda? ¿Se cree vieja o qué? No me ajere, no me ajere porque le doy un coco, le sorrajo un platanazo y le parto su mandarina en gajos. Y esto va para ustedes también. Ahí les van las instrucciones. ¿Okey...?¿Okey...? Cuando yo les diga okey ustedes responden okey, ¿okey?

CAMPESINOS: ¡O ka!

AVARICIA: ¡Me lleva...! Esos campesinos no son bilingües.

DIABLO 1: Es que esos se cotizan más caro.

DIABLO 5: Y no hay presupuesto para la cultura.

AVARICIA: ¡Va, fíjense!

En el siguiente texto, después de cada frase, la AVARICIA *describe corporalmente y con onomatopeyas lo que habla.*

AVARICIA: Corremos todos hacia el cerro. Nos detenemos... nos agachamos... nos arrastramos... vigilamos... silencio. Corremos todos hacia los matorrales... nos escondemos... la migra... nos esperamos... corremos... ¡Cuidado, un perro! Una caca de vaca, háganme el favor de no pisar, gracias. Llegamos al muro... la migra... silencio... el perro... la caca de vaca... escalamos... vigilamos... saltamos... silencio... corremos... ¡Felicidades, son libres! ¡Ya son ciudadanos americanos! ¿Entendieron?

CAMPESINO F: ¡Pos yo no entendí nada!

AVARICIA: ¡Ahhh! Mira, gordita golosa, no me estés ajerando. ¿Sabes qué? Tú me vas a pagar doble. Es más, cuádruple porque traes bulto. Si no, te saco el chamaco. Una vez más, el que entiendió, bien, y el que no... ¡me vale! Va.

> La AVARICIA *repite la secuencia de las onomatopeyas, pero esta vez sin texto. Los* CAMPESINOS *van repitiendo lo que él hace.*

AVARICIA: ¡Gud! Qué bueno que entendieron. Rápido, corriendo uno tras otro, como reses, uno tras de otro. Los de adelante corren mucho, y los de atrás...

CAMPESINOS: ...se quedarán, tras, tras, tras...

ARCÁNGEL MIGUEL (*en off, fingiendo ser un campesino*): Siñor, siñor, falto yo...

AVARICIA: ¿Por qué llegas tarde? Te pasas. Te estábamos esperando, Simón.

ESCENA XIII

> *Entra el* ARCÁNGEL MIGUEL *con alas y aureola. Tiene el cabello café, rizado y largo. Porta el traje de guerrero, típico de su iconografía.*

AVARICIA: ¡Ah caray! Ah, es Gabriel... ¿Qué onda, mi Gabi?

> DIABLOS *se mofan.*

ARCÁNGEL MIGUEL: No soy Gabriel... ¡Soy Miguel!

AVARICIA: ¿Ya oyeron? Dice que es el Miqui.

　　　DIABLOS *se ríen.*

DIABLO 1: ¡Queremos una prueba!

AVARICIA: Qué pues, mi Miqui... A ver, ¡demuéstralo!

　　　MIGUEL *finge que vuela como prueba de su identidad.*

DIABLOS (*ad libitum*): ¡Ay, qué miedo! ¡Sí es él! ¿Qué vamos a hacer?

DIABLO 1: Dile algo, dile algo...

　　　La AVARICIA *se despoja de la chamarra en actitud de inciar una riña, convirtiéndose en* DIABLO 2. *Cantarán los siguientes versos a la usanza de coplas de las tipicas peliculas de charros con la melodía de Serenata Huasteca, de José Alfredo Jiménez.*

DIABLO 2: ¡Va!　　Ese ángel con sus faldas
　　　　　　　para mí que es puro mito.
　　　　　　　Le confisco yo la espada,
　　　　　　　se la escupo y la derrito.

　　　DIABLOS *festejan.* CAMPESINOS *abuchean.*

ARCÁNGEL MIGUEL: A mi espada me la escupes,
　　　　　　　me lo dices con esmero;
　　　　　　　pero lo que tú no sabes
　　　　　　　es que soy el mero mero.

　　　CAMPESINOS *festejan. Diablos abuchean.*

DIABLO 1: ¡Dile algo en inglés!

DIABLO 6: Algo jevi.

DIABLO 2: Ay wich yu a merri crismas, ay wich yu a merri crismas...

DIABLOS (*ad libitum*): No. Cállate. Esa no... (*etcétera.*)

DIABLO 2:　　　　Ese ángel con sus bucles
　　　　　　　se parece a Madonna.
　　　　　　　Si se descuida poquito
　　　　　　　le cortaremos el....

DIABLO 1: ¡No, no! En el público hay niños.

DIABLO 2: El aureola, el aureola....
Te voy a dejar
por metiche bien frito,
suplicarás que te ayude, papito.
DIABLOS *se mofan, festejan.* CAMPESINOS *abuchean.*

ARCÁNGEL MIGUEL: Ah, qué diablos fanfarrones,
me quieren quitar la aureola.
Les quitaré lo bribones
con patadas en la cola.
Ya se me van derechito a la ver... no
Y no saldrán nunca más del infierno.
(*Al terminar de cantar:*) Por el poder del cielo ¡yo los destierro!

DIABLO 2: Oficial, ¿no lo podemos arreglar de otra manera?
Coreografía de la batalla. Se pelean a karatazos.

DIABLO 5: ¡Chun cun!

DIABLO 1: ¡Fu yong!

DIABLO 7: ¡Chamoy!

DIABLO 4: ¡Chaw chaw!

DIABLO 6: ¡Chop suey!

DIABLO 2: ¡Chi con cuac!

DIABLO 3: ¡Cal zón!

Después de soberana tranquiza, ARCÁNGEL MIGUEL *expulsa a los* DIABLOS, *que salen protestando entre llantos y pataletas.*

ESCENA XIV

ARCÁNGEL MIGUEL: Así, como siempre, triunfa el bien ¡Campesinos, espero que hayan aprendido la lección y se dejen de gringaderas!

CAMPESINO E: La tiví y el compadre Chon son re mentirosos.

CAMPESINO C: Me duele rete harto haber dejado mi pueblo.

CAMPESINO B: ¡A mí ni me gusta hablar el ínglich!

CAMPESINO D: Ya no quiero tu for dólar.

CAMPESINO F: ¡Queremos regresar!

CAMPESINO A: ¡Ayúdenos, patroncito!

ARCÁNGEL MIGUEL: El buen rumbo lo ilumina la estrella. Encamínense. Adelante, sin temor, que yo guardaré sus pasos.

Salen los CAMPESINOS *muy contentos.* ARCÁNGEL MIGUEL *emprende el vuelo. Antes de salir, se dirige al público:*

ARCÁNGEL MIGUEL: Tantán.

Sale ARCÁNGEL MIGUEL.

EPÍLOGO

Regresa CAMPESINO A *acompañado de* CAMPESINO F, *la embarazada. Vigilan. Cruzan a Estados Unidos por un agujero en el muro de metal. Lo demás sucede fuera de escena: se oyen sus pasos, corriendo. Se encienden las luces de la patrulla fronteriza. Disparos. Se oye el gemido de* CAMPESINO A *que cae muerto. Después más pasos corriendo.*

CAMPESINO F (*fuera de escena*): ¡American ciri, american ciri!

VOZ EN OFF (*con marcado acento de gringo*): ¡Fac! Se nos coló una panzona.

Se oyen gritos de festejo, algarabía.

TELÓN

La Campesinela 2018
Fotografía de Luis Felipe Cota Fregozo

"Yo soy miembro de una asociación de protección al migrante, y los voy a poner monísimos. ¡Ay, mira qué trenzotas tan… feas".

Flor Cervantes, Carlos Corro y Alicia Aguilar contemplan los esfuerzos de los demás diablos para convencer a los campesinos.

"Panzona, ¿no te gustaría un cuerpo como el mío?". Laura Durán como La Lujuria.

Elsa Martínez y Manuel Takahashi
imitan al Arcángel Gabriel.

"¿Saben que aquí es delito ser campesino?".
Carlos Corro como La Ira.

"Mejor hay que estar juntos. Ansina naiden nos hace nada".
Elsa Martínez pone a pensar a Clara del Bosque y Sofía Saldívar.

Ernesto Peña, Laura Durán y Alicia Aguilar.

"Truchas, no me hagan perder el tiempo".
Alicia Aguilar como La Avaricia.

"¡Fu yong! ¡Chamoy! ¡Chaw chaw! ¡Chop suey!".
Inicia la pelea a karatazos del Bien contra el Mal.

"Yo les voy a decir cómo ganar dinero fácil, sin complicaciones y sin trabajar". Flor Cervantes como La Pereza.

"Señor... el de las luces, ¿se puede mover? Estoy hablando con Dios... gracias".
Hebert Axel como el Arcángel Gabriel.

Ramón y Cornelio

Cultura popular, intertextualidad y polifonía para acompañar con
acordeón y bajo sexto, alrededor de una mesa

Karla Rojas Arellano

Para quienes conocimos la novela *Idos de la mente, la increíble
y (a veces) triste historia de Ramón y Cornelio,* antes que la obra
de teatro *Ramón y Cornelio* era común pensar que esta última
era una adaptación de la primera, cuando en realidad el proceso se dio a la inversa. En todo caso, ambos textos resultan divertidos para el lector, sin imaginar que detrás de cada escena
o capítulo, se han puesto en juego un sinfín de referencias que,
como si fueran imágenes impresas, se van acomodando en una
especie de *collage* en el que se mezclan la música, el cine, la
literatura y las obsesiones y gustos personales del autor.

Ramón y Cornelio, texto escrito por Luis Humberto Crosthwaite en 1999 para ser representado como lectura en atril, es una muestra de lo que en literatura llamamos intertextualidad, término que se
refiere a la interrelación que guarda un texto con otros preexistentes.
En este caso particular no solo hay otros textos, sino otras historias
y referencias, lo cual no resta sino que refuerza el carácter de la obra
que, llena de guiños a diversos elementos de la cultura popular, la
convierte, más que en un "mosaico de citas" según la definición de
la filósofa y teórica Julia Kristeva, en un caleidoscopio que encierra
todos los elementos necesarios para crear y recrear escenas llenas
de emociones y giros dramáticos que la hacen funcionar aunque el
espectador no conozca el mecanismo de referencias que entran en
juego una vez que los actores ocupan su lugar en el escenario.

Luis Humberto Crosthwaite y Hebert Axel González habían
contemplado la posibilidad de hacer teatro en atril, lecturas en pú-

blico y así surgió un texto (que originalmente se tituló *Ramón y Cornelio: vida y pasiones de un conjunto norteño*) que fue escrito "de corrido, divertido y punzante", afirma Crosthwaite.

Su construcción revela las obsesiones y gustos del autor, cuya formación autodidacta, se vio influenciada por las películas y programas de televisión que acompañaron su infancia y juventud, la música y las lecturas que desde su soledad de hijo único lo acompañaron. Todas esas influencias han sido conjuntadas para contar la historia de Los Relámpagos de Agosto.

¿Pero qué es *Ramón y Cornelio*? Según palabras de Hebert Axel González, no es teatro en atril, sino "en mesil", pues todo transcurre en torno a una mesa larga sobre la cual se encuentran diversos objetos que usan los actores como parte de su representación; que transcurre la mayor parte del tiempo con ellos sentados, realizando los movimientos que indican las acotaciones de Hebert, sin afectar en ningún momento la agilidad del texto.

Efectivamente, lo que distingue a *Ramón y Cornelio* es su agilidad y la gama de emociones que maneja a lo largo de su desarrollo. Pero lo que le da vida y realce es la dirección de Hebert Axel González y el trabajo de los actores que, a excepción de quienes interpretan al conjunto norteño, hacen las veces de narradores y personajes tan variopintos como el Señor Velasco, las terribles Carmela Rafael y Yéssica Guadalupe, la dulce e inocente Susana, el gran José Alfredo Jiménez y el mismísimo Dios; pasando por reporteros, representantes, gerentes, familiares, amigos, parroquianos, público y hasta objetos inanimados como una botella de tequila y un (una) acordeón.

Una característica de la dirección de Hebert Axel González era la precisión en el trazo escénico (posición y movimiento de los actores en el escenario) lo que hace posible que en el reducido espacio de una mesa, los seis actores cambien de personaje con el simple gesto de colocarse un sombrero, o recrear toda una escena usando alguno de los diversos objetos que se encuentran sobre la mesa.

Con elementos tan sencillos como una botella, pañuelos, pelucas, un avión de papel, etc., se crea la magia. Cada uno de los actores tiene la cabeza descubierta cuando están en silencio y según el personaje que interpreten, se colocan un sombrero, acompañado de otros accesorios que complementan, o mejor dicho, redondean su caracterización, logrando que el espectador vea toda la gama de personalidades y emociones que aparecen a lo largo de las sesenta y cuatro escenas que nos cuentan la increíble y (a veces) triste historia de Ramón y Cornelio.

Desde su estreno en 2000 hasta su más reciente presentación, tanto el texto como su montaje han sufrido modificaciones que la refrescan y actualizan, sin perder la esencia de la historia. Dentro de la meticulosidad de Hebert, había espacio para que cada actor aportara algo de sí mismo a los personajes, siempre dentro del trazo escénico que para él era indispensable mantener.

Enmarcada en este rico mosaico de personajes y situaciones, transcurre la vida de Ramón y Cornelio, dueto norteño que, como muchos grupos que alcanzan la cúspide de la fama, se separa al no poder contener más el desmedido ego de sus integrantes. Pero cuando se está en la cumbre, inevitablemente se está al mismo tiempo al borde del descenso y este puede ser en avalancha, furioso, definitivo, catastrófico. La fama, como lo dice el Señor Velasco, no es para cualquiera. Así, vemos como la vida de los músicos norteños se desarrolla desde su infancia hasta la muerte de uno de ellos. El final es al mismo tiempo desolador y esperanzador, las últimas palabras de un amigo a otro ("Adiós Cornelio, luego te alcanzo"), más que una despedida en la playa de la vida, es una promesa; la esperanza de un inevitable reencuentro que se producirá tarde o temprano. Esto último se logra mediante una analogía perfecta en la escena final, que adquiere una gran emotividad al ver a los actores abandonando, uno por uno, la mesa y juntos el escenario.

El espectador ha asistido al milagro de la creación escénica, ha viajado a través del tiempo y de las emociones, se ha recreado con el trabajo que autor, dramaturgo y actores han ejecutado para dar vida al maravilloso universo del teatro.

La obra *Ramón y Cornelio* es una pieza cuya polifonía opera en dos niveles. El primero en su creación, al mezclar elementos de la cultura popular y conceptos o valores universales como la amistad, que adquieren forma y coherencia en el diálogo que establecen entre sí, dentro del mismo texto. El segundo en su representación, cuando el texto se pone en contacto con los actores y estos, a su vez, con el público; nuevamente se establece un diálogo entre varias voces que se encuentran, se entrelazan y terminan de conformar esta pieza teatral, que es ya emblemática en la ciudad de Tijuana. Así lo demuestran los 20 años que lleva presentándose en diversos foros de la ciudad.

Posteriormente, la obra se convertiría en la, también emblemática, novela *Idos de la mente: la increíble y (a veces) triste historia de Ramón y Cornelio*, pero esa es otra historia.

La Mesa, Tijuana, mayo de 2021

KARLA ROJAS ARELLANO es egresada de la Licenciatura en Lengua y Literaturas Hispánicas de la Universidad Nacional Autónoma de México. Actualmente imparte talleres literarios y es codirectora del proyecto Talleres Casaverde, además de coguionista del documental *Hebert Axel: vida y pasiones de un teatrero norteño*.

RAMÓN Y CORNELIO
Vida y pasiones de un conjunto norteño

Texto de Luis Humberto Crosthwaite
Dramaturgia de Hebert Axel González

El texto está estructurado para ser leído por seis actores (dos mujeres y cuatro hombres). Con la excepción de los actores que hacen de Ramón y Cornelio, el resto interpreta a varios personajes y narradores. Los personajes siempre son representados por los mismos actores a lo largo de la obra. Narradores 1 y 3 son voces femeninas; narradores 2 y 4, masculinas. Cuando alguna indicación se refiere al GRUPO, esto excluye a Ramón y Cornelio.

En lugar de atriles, se utiliza una mesa larga desde donde los actores leen, poniéndose de pie o sentados, según se indica. Sobre la mesa se encuentran diversos artículos que ellos usan como complemento de su representación. Típicamente, los actores tienen la cabeza descubierta cuando están en silencio y se ponen un sombrero cuando hablan.

La obra se estrenó el 3 de noviembre de 2001 en el Foro del Sótano de la Casa de la Cultura de Tijuana con el siguiente elenco: Andrés Franco, Hebert Axel González, Lilian Tapia, Isabel Rolón, Adrián Vázquez y Manuel Villaseñor. En posteriores representaciones se unieron Sergio Limón, Carlos Puentes y Carlos Corro.

Los actores entran y permanecen en el fondo del escenario, de espaldas al público. NARRADOR 1 *es la primera en voltear, acercarse a la mesa, tomar el libreto y dirigirse al público, leyendo.*

1

NARRADOR 1: Ramón está triste. Ha recibido una noticia que no esperaba y que lo ha hecho sumirse repentinamente en una profunda depresión. Sentado en la cama, ha pedido a los otros músicos que lo dejen solo con su acordeón. En momentos como este podría escribir una canción melancólica que haría llorar a muchas personas. Cierra los ojos y puede ver las notas apareciendo y desapareciendo en las esquinas de su cerebro como un anuncio luminoso en una marquesina. La melodía viene y se va de sus manos. Junto a la melodía se integran algunas palabras que hablan de amistad y traición. Es un corrido. Sin lugar a dudas sería un éxito. Otro triunfo de Ramón. Piensa levantarse y apuntar la letra para que no se le olvide. Pero le gana la tristeza, una de esas pesadumbres que se clavan profundamente en las entrañas y que luego es difícil sacarla. Continúa sentado y las estrofas lentamente van desapareciendo de sus pensamientos. La canción se va. Su acordeón rojo y blanco está en un sillón, parece comprender la desdicha de su dueño.

Entra música norteña, festiva. Ramón y Cornelio
permanecen parados, de espaldas; el resto baila
entre ellos y echan gritos de júbilo hasta que se
colocan en sus lugares en la mesa. La disposi-
ción de los lugares es la siguiente, de izquierda a
derecha: NARRADOR 3, NARRADOR 4, NARRADOR
2, RAMÓN, CORNELIO *y* NARRADOR 1.

2

NARRADOR 2: Ramón y Cornelio siempre juntos. Se les ve por la
calle, caminando, en la escuela casi nunca. En el cine disfrutan las mismas películas, tienen los mismos gustos.

NARRADOR 3: ¿Dónde está Ramón?

NARRADOR 2: Con Cornelio.

NARRADOR 1: ¿Dónde está Cornelio?

NARRADOR 2: Con Ramón. ¿Buscan a los dos?

NARRADOR 3: Andan juntos.

NARRADOR 2: La gente habla de ellos a sus espaldas.

NARRADOR 3: No está bien.

NARRADOR 4: Y luego tan jóvenes.

NARRADOR 2: Comen juntos. Se les ve en los cafés, platicando.
Piden la misma marca de refresco. Se les ve escribiendo en
libretas apuntes largos. Pareciera que escriben lo mismo.
No está bien que escriban tanto.

NARRADOR 3: Resuelven crucigramas: Ramón (RAMÓN *voltea*),
verticales; Cornelio (CORNELIO *voltea, interactúan amisto-*
samente entre ellos), horizontales. Se les observa durante largas caminatas, siempre sonriendo. (RAMÓN *invita a*
CORNELIO *a sentarse y ocupan sus lugares.*) Pasan frente
a la peluquería, frente a la reparación de calzado, frente
al mercado, frente a la farmacia. Largas caminatas, ambos
serios, cavilando.

NARRADOR 4: Pasan largo rato en el cuarto de Ramón. La mamá
se acerca a la puerta; pero solo escucha silencio. Ramón
en la cama, Cornelio en el piso, ambos acostados, manos

cruzadas detrás de la cabeza. Miran el techo, el foco, las manchas de humedad. Largo rato sin hablar.

NARRADOR 1: No está bien...

NARRADOR 3: ...dice la gente.

NARRADOR 4: Las mamás se preocupan.

3

NARRADOR 1 (*abanicándose con su sombrero*): Tirados en un sofá, sin nada que hacer, espantando moscas, bebiendo cerveza.

RAMÓN: Oye, ¿no se te antoja hacer un grupo?

NARRADOR 1: Pregunta Ramón.

CORNELIO: ¿Un grupo de qué?

NARRADOR 1: Contesta Cornelio.

RAMÓN: Una banda.

CORNELIO: ¿Una banda de rock?

RAMÓN: ¿Te gusta el rock?

CORNELIO: Ni madres.

RAMÓN: Norteño.

CORNELIO: ¿Pa llevarle serenata a las muchachas?

RAMÓN: Pa lo que quieras.

CORNELIO: ...

RAMÓN: ¿Qué te parece la idea?

CORNELIO: Me da hueva.

4

NARRADOR 2: Hicieron su debut en el cumpleaños de la tía Yadira. Los parientes fueron muy amables y aplaudieron con entusiasmo sus interpretaciones: "Las tres tumbas", "La cárcel de Cananea" y "Nocturno a Rosario". Ramón y Cornelio prometieron volver a tocar para ellos en la próxima fiesta. Más tarde se acercó la tía Yadira y, en tono maternal, les explicó que en realidad eran muy malos músicos.

TÍA YADIRA *se levanta para hablar directamente con Ramón y Cornelio.*

Tía Yadira: Sus arreglos parecían estruendosos descarrilamientos de ferrocarril. No cualquier descarrilamiento. No. Descarrilamiento con todo y pasajeros.

Narrador 2: Pesadilla, dolor, tragedia imborrable.

Tía Yadira: ¿Por qué no se dedican a otra cosa?

5

Narrador 1: Ellos reflexionaron con mucha seriedad sobre la sugerencia de la tía Yadira y estuvieron a punto de abandonar la música. Ramón podría ser arquitecto y Cornelio era hábil para hacer figuritas de yeso. Solo que sucedió algo inesperado. Cornelio iba caminando por la calle un día, cuando observó que en el cielo nublado se abría un espacio de azul y de ahí surgía un haz de luz muy fino y brillante que llegaba hasta sus pies.

Cada vez que Dios está a punto de hablar, el Grupo realiza un coro angelical y suenan campanitas. Dios siempre habla parado arriba de su silla, con ropa desordenada y la apariencia de estar borracho.

Dios: Hey, qué onda, acercate un poquito. tengo algo que decirte...

Narrador 1: ...le dijo Dios.

6

Durante la lectura del siguiente texto, Ramón se pone de pie y realiza las acciones que se indican.

Narrador 4: Ramón acaba de comprar un sombrero tejano, su primer sombrero. Perfecto, superlativo. Estaba ahí, en la tienda. Primero se midió otros, no quería darle importancia. Unos le quedaban muy grandes y otros muy chicos. No quería que ese sombrero perfecto sintiera que era el único en el mundo, no lo quería hacer presumido y vanidoso antes de tiempo. Es como cuando te gusta una persona y no se lo quieres demostrar muy pronto para que el asunto no sea tan sencillo; se sabe que el placer es mutuo pero es mucho más rico el rodeo que la línea recta.

NARRADOR 3: Y Ramón rodeó los otros sombreros, coqueteó con ellos, como si quisiera invitarlos a bailar, uno por uno hasta que no quedó otro más que ese sombrero espléndido. Claro que si fuera una persona, seguramente se hubiera enfadado con la espera y se hubiera negado a bailar. Pero como era un sombrero, estaba dispuestísimo. Y más que colocárselo en la cabeza, para Ramón fue un acto de coronación. Se lo puso y modeló frente al espejo.

Después de revisar los sombreros que le van pasando, RAMÓN *finalmente se decide por uno y se lo pone.*

NARRADOR 2: Sombrero ligeramente de lado.

NARRADOR 1: Sombrero inclinado hacia enfrente, tapándole los ojos, dándole aires misteriosos.

NARRADOR 4: Sombrero hacia atrás, dejando a la vista un mechón de cabello.

NARRADOR 3: Sombrero sobre su pecho, sostenido por sus dos manos en señal de respeto.

NARRADOR 2: Sombrero levantándose un poco, como para saludar.

NARRADOR 1: Ramón corriendo con sombrero.

NARRADOR 4: Ramón esquivando un golpe sin perder sombrero.

NARRADOR 3: Haciendo una caravana al público con sombrero en la mano.

NARRADOR 2: No es fácil explicar la relación de un hombre con su sombrero. Es un objeto que siempre va a estar ahí, muy cerca de la cabeza. Lo pone sobre la mesa y se sienta. Observa cómo lo acaricia la luz y cómo proyecta una sombra elegante.

NARRADOR 1: Lo cuelga en la esquina del respaldo de una silla.

NARRADOR 4: Posición del sombrero durante un juego de póker.

NARRADOR 3: Sombrero abajo, brazo recto, mano izquierda sosteniéndolo.

NARRADOR 2: Posición del sombrero en la iglesia, durante misa.

NARRADOR 1: Sombrero sobre el corazón.

NARRADOR 4: Posición durante una declaración amorosa.

NARRADOR 3: Sombrero en la mano, de un lado a otro, abanicándose.

NARRADOR 2: Función del sombrero durante un día caluroso.

NARRADOR 1: Sombrero se lanza con la mano derecha para que vuele y caiga perfectamente en un gancho del perchero.

NARRADOR 4: Siguiente compra.

NARRADOR 2: Un perchero para poner su sombrero adorado.

7

Cortinilla musical.

NARRADOR 3: Ramón y Cornelio llegan muy temprano al Infierno. Están nerviosos porque es la primera vez que solicitan trabajo. Quieren dejar buena impresión.

NARRADOR 4 *personifica al* PATRÓN.

PATRÓN: ¿Ustedes son los músicos?

NARRADOR 3: Pregunta el patrón.

RAMON y CORNELIO: Los Relámpagos de Agosto, a sus órdenes.

CORNELIO: ¿Quiere escuchar una melodía?

PATRÓN: ¿Para qué? Lo importante no es que a mí me guste su música, sino que le guste a la bola de vagos que se van a aparecer por aquí más al rato. El trabajo consiste en que toquen algo con mucho sentimiento, algo que a los clientes les recuerde un amor perdido, quizás a su mamacita muerta que ya se murió. El caso es que sientan tanta pena que quieran seguir pisteando.

NARRADOR 3: Ramón y Cornelio sienten que han recibido su primera lección.

PATRÓN: Y aprovechando que están aquí desde temprano, ¿por qué no me ayudan moviendo esas cajas de cerveza? Son como 50, na' mas.

NARRADOR 3: Los Relámpagos mueven cajas, barren el piso

y bajan sillas de las mesas. La clientela empieza a llegar como a las nueve.

CORNELIO: ¿Una cancioncita?

Los siguientes "no" van in crescendo hasta el último que es un grito enfurecido.

NARRADOR 2: No.

RAMÓN: ¿Le tocamos una canción?

NARRADOR 1: No.

CORNELIO: ¿Un corrido, un bolero, lo que guste?

NARRADOR 3: No.

RAMÓN: ¿Algo para bailar?

NARRADOR 4: No.

CORNELIO: ¿"Las tres tumbas", "La cárcel de Cananea", "Nocturno a Rosario"?

NARRADOR 1 y 2: No.

RAMÓN: ¿"Dos amigos", "La puerta negra", "Suave Patria"?

NARRADOR 1,2 y 3: No.

CORNELIO: ¿"Eslabón por eslabón", "Sonora y sus ojos negros", "Muerte sin fin"?

GRUPO: No.

RAMÓN: ¿"Libro abierto", "Los pescadores de Ensenada", "Piedra de sol"?

GRUPO: No.

CORNELIO: ¿Alguna de nuestra propia inspiración?

GRUPO (*gritando*): ¡No!

NARRADOR 3: A las tres de la mañana, hora de cerrar, mueven cajas, suben las sillas a las mesas y barren. Quizás mañana tengan mejor suerte.

8

NARRADOR 2: Sucesión de cantinas: El Infierno, El Paraíso, El Purgatorio, El gatito miau, La canica perdida, El retoño militante, El lugar del nopal, El miasma enrojecido, La calandria enfermiza. En cada lugar sucedía lo mismo. (*El* GRUPO *se lamenta y llora.*) Después de un rato de estar tocando, los parroquianos se soltaban llorando porque recordaban amores perdidos y a sus mamacitas muertas...

NARRADOR 2 y NARRADOR 4: ...que ya se murieron.

NARRADOR 2: Luego se enojaban; les molestaba descubrir que poseían un lado sensible que podía extraerles cualquier estúpida canción norteña. Así empezaban los pleitos. Se lanzaban sillas, botellas, vasos... Solo después de sentirse suficientemente golpeados, los parroquianos podían seguir bebiendo y podían seguir hablando de mujeres y de futbol como acostumbraban. Ramón y Cornelio descubrieron desde entonces que tenían ese extraño poder sobre la gente.

9

NARRADOR 1: ¿Quién puede precisar el momento en que un sonido pasa de la vulgaridad al prodigio?

NARRADOR 4: Se toca el acordeón y el bajo sexto una vez tras otra, la misma tonada, los dedos sobre botones o cuerdas, una y otra vez hasta el cansancio, hasta la aburrición, hasta que se empieza a creer que nada de eso tiene sentido y se dejará la música por completo.

NARRADOR 3: Si no fuera porque los parroquianos piden más y más y muchas veces están borrachos e insisten con la misma, la misma canción.

NARRADOR 2: Esa que habla de Josefina, mi viejo amor traspapelado.

NARRADOR 1: Esa otra que trae memorias de Julieta, la que se fue sin dejarme su retrato.

NARRADOR 4 (*borracho*): O una canción genérica, dedicada a todas ellas, a cualquiera.

NARRADOR 3: O una que se refiera a mí, que soy todos ellos, que soy cualquiera.

NARRADOR 2 (*sollozando*): ¿Cómo se llama la canción?

NARRADOR 1: No importa.

NARRADOR 4: Es la misma.

NARRADOR 3: Una vez tras otra, la misma.

NARRADOR 2: Esa que me trae recuerdos de Estefanía, mi mamá.

NARRADOR 1: Esa otra que me reúne con mi familia, que está lejos, añorando mi regreso.

NARRADOR 4: Algo bailable, por favor, que envuelva de felicidad estas ganas de comer.

NARRADOR 3: Para que se me olvide el hambre.

NARRADOR 2: Aunque sea unos momentos.

NARRADOR 4: En manos de Ramón y Cornelio esa canción llenará por unos instantes el agujero que va creciendo en el corazón de los hombres.

NARRADOR 4 y 3: Y no habrá oscuridad.

NARRADOR 4, 3 y 2: Y no habrá soledad.

NARRADOR 4, 3, 2 y 1: Y no habrá silencio.

10

NARRADOR 3: Cornelio sale del baño. Acaban de terminar una tanda y él ya está cansado, sin ganas de seguir. Un hombre desconocido se ha sentado junto a Ramón; un hombre joven y guapo, de traje impecable. Hablan entre ellos. Sonríen. Brindan. Muy frescos. Ramón le hace una señal:

RAMÓN: Acércate, ven.

NARRADOR 3: Cornelio camina como si arrastrara los pies. No quiere llegar hasta donde están ellos. Desconfía. Finge indiferencia. Se detiene y platica con una muchacha antes de llegar a la mesa. No sabe cómo explicar lo que siente. Ramón, todo sonrisas. El hombre tiene un diente de oro que brilla como si tuviera luz propia.

RAMÓN: ¿A que no sabes qué? Este señor que está acá quiere que grabemos un disco. Quiere que vayamos a Oxnard pa grabar un disco.

CORNELIO: ¡A Oxnard! ¿Y dónde está Oxnard?

RAMÓN: Pos no sé, ¡pero vamos!

CORNELIO: ¡Pues vamos! (*Festejan.*)

11

Cortinilla musical. El REPORTERO *tiene adema-
nes afeminados, trae puesta una gorra de beis-
bol volteada y carga un muñequito de peluche.
Se levanta y se sienta en una esquina de la mesa.*

REPORTERO: Felicidades por el éxito que han tenido con su nuevo disco.

RAMÓN y CORNELIO: Gracias.

REPORTERO: Varias cosas me llaman la atención de ustedes. La primera de ellas es que no sean tan obvios con el nombre de su grupo. Están Los Huracanes del Norte, Los Tiranos del Norte, Los Bravos del Norte, llamarse Los Relámpagos de Agosto me parece bastante original. ¿Cómo fue que surgió el nombre?

CORNELIO: Pues nos íbamos a llamar Los Relámpagos del Norte, pero ya había un grupo con ese nombre.

RAMÓN: Pensamos en rayos y truenos y centellas, pero nos gustaba más relámpago.

CORNELIO: Y como lo decidimos en agosto, pos ahí está.

12

NARRADOR 4: Noche, hotel en el desierto, cuarto 106, luces apagadas.

El GRUPO *finge dormir en sus sillas.* NARRADOR
*4 bosteza y se une al grupo. Todos tienen la cara
tapada con su sombrero.*

CORNELIO: Esa es la mujer ideal.

RAMÓN: ¿Quién?

CORNELIO: ¿Quién qué?

Ramón (*bostezando*): La mujer ideal.

CORNELIO: No me refería a una persona.

RAMÓN: ¿Entonces?

CORNELIO: Hablo en general.

RAMÓN: Oh.

CORNELIO: La mujer ideal.

RAMÓN: ¿Cuál?

CORNELIO: La que ando buscando

RAMÓN: ¿Buscas a una...?

CORNELIO: Una novia, sí, una novia.

RAMÓN: Pues claro. Como cualquier varón.

CORNELIO: Pues sí.

RAMÓN: Yo también.

CORNELIO: ¿Qué?

RAMÓN: Yo también busco...

CORNELIO: Pero a ti te sobran.

RAMÓN: Pues sí, pero uno siempre anda buscando.

CORNELIO: Como cualquier varón.

RAMÓN: Ándale.

CORNELIO: Pues yo la busco y algún día la encontraré.

RAMÓN: Pues ahí debe de andar.

CORNELIO: Claro. Y debe ser una muchacha linda y sonriente.

RAMÓN: Y los pies, no se te olviden los pies.

CORNELIO: Por supuesto, eso está sobreentendido.

RAMÓN: Claro.

CORNELIO: Debe ser una chica inteligente, de buenos modales. Católica. Un poco conservadora (*dándole un codazo de complicidad*), aunque no tanto.

RAMÓN: Te entiendo.

CORNELIO: Debe tener cierto aire de realeza, cierta dignidad. Como si fuera una mujer educada, intelectual.

RAMÓN: No sé si es necesario.

CORNELIO: ¿Por?

RAMÓN: Es excesivo.

CORNELIO: ¿Te parece?

RAMÓN: Uno debe ser consecuente. Si la buscas así, tal vez nunca la encuentres. Pies perfectos y esos demás atributos, creo que es demasiado.

CORNELIO: ...

RAMÓN: Parece que no la quieres encontrar.

CORNELIO: Claro que la quiero encontrar.

RAMÓN: ¿Entonces?

CORNELIO: Pues es que así me imagino a la mujer ideal.

RAMON: Bueno, hazle como yo entonces: no busques a la mujer ideal.

CORNELIO: Yo creí que tú también estabas buscando...

RAMÓN: Busco novias, no princesas.

Cornelio se ofende por la respuesta.

13

RAMÓN y CORNELIO portan un pequeño acordeón y una guitarra de juguete.

NARRADOR 4: Ramón y Cornelio nerviosos. Se nota en la manera que sonríen, en la manera que actúan. Uno se quita y se pone el sombrero. Otro se muerde las uñas. El personal técnico pasa de izquierda a derecha , ignorándolos, quejándose de la iluminación, del sonido, de las cámaras. Ramón y Cornelio no se moverán de ahí. El gran Señor Velasco dijo que esperaran y el dueto es bueno para seguir instrucciones. Uno abraza su acordeón. El otro aprieta y jala las cuerdas de su bajo sexto. Han pasado cerca de dos horas. Escuchan la música, los aplausos del público.

RAMÓN: En cualquier momento.

CORNELIO: En cualquier momento.

NARRADOR 1: En cualquier momento.

NARRADOR 4: En cualquier momento.

14

El SEÑOR VELASCO es siniestro como bruja maldita. RAMÓN y CORNELIO lo escuchan con miedo.

SEÑOR VELASCO: Ese Cornelio tiene mucho futuro.

NARRADOR 4: El gran Señor Velasco sonríe mostrando su famosa serie de dientes blancos.

SEÑOR VELASCO: Tú eres bueno para el acordeón, pero acordeonistas hay muchos. Cornelio escribe las canciones y canta. Cuando tengo que crear una estrella, nunca escojo a los segundones. Más vale que te hagas a la idea.

RAMÓN *reacciona negativamente.*

15

NARRADOR 3: Decide levantarse tarde. Suena el despertador y lo avienta por la ventana. Un par de horas más, ¿qué tiene de malo? No puede volver a dormir. Alguien le llama por teléfono para recordarle que tienen programado un ensayo. Pinche ensayo.

CORNELIO (*al teléfono*): ¡Yo no necesito ensayar! (*Cuelga el teléfono.*)

NARRADOR 3: Mientras se baña le llega la idea, por primera vez, de que los Relámpagos existen solo por él.

CORNELIO (*como si se bañara, conversando con un patito de hule*): En realidad yo hago todo. Yo compongo todas las canciones. Yo hago todos los arreglos. Yo canto siempre.

NARRADOR 3: Se pregunta por qué no tiene el derecho de dormir un par de horas más. ¿Por qué no puede tomar las decisiones del grupo?

CORNELIO: ¿Por qué tengo que consultar todo con Ramón? ¿Por qué no puedo ser el jefe? ¿Por qué no gano más dinero que él? (*Enfurecido.*) ¡A ver, contéstame!

El patito lanza un chillido cuando CORNELIO *lo aprieta.*

CORNELIO: Siempre me dices lo mismo. (*Arroja el pato.*)

NARRADOR 3: Al salir del baño le remuerde la conciencia.

CORNELIO (*secándose con una toalla*): ¿Cómo es posible que yo piense estas cosas? Somos Los Relámpagos, no el Relámpago. Estoy mal. Soy parte de un equipo. El hecho de ser el más talentoso no tiene por qué afectar nuestra relación de trabajo Soy un profesional. Quizás deba decírselo a Ramón, simplemente mencionarlo para que él conozca mis inquietudes. No. Lo mejor es no decirlo. Va a pensar mal de mí. Va a creer que me quiero aprovechar de mi superioridad. ¿Acaso no merezco ser el más famoso? Ay caray, Cornelio, qué cosas te entran en la cabeza.

16

Cortinilla musical.

NARRADOR 4: Noche, hotel en el desierto, cuarto 227, luces apagadas. Buenas noches.

El grupo finge dormir en sus sillas. NARRADOR 4 *bosteza y se une al grupo. Todos tienen la cara tapada con su sombrero.* CORNELIO *está molesto.*

RAMÓN: ¿Qué pasó, por qué no hablas?

CORNELIO: No he decidido.

RAMÓN: ¿Qué?

CORNELIO: No he decidido si estoy ofendido.

RAMÓN: ¿Ofendido?

CORNELIO: Tu comentario fue cáustico, Ramón.

RAMÓN: Ay sí.

CORNELIO: Te pasaste.

RAMÓN: Bueno, bueno, bueno. (*Cantando como Daniel Santos.*) Perdón, si es que te he ofendido.

CORNELIO: Acepto tu perdón.

RAMÓN: Gracias.

CORNELIO: …

RAMÓN: ¿Y no has pensado en otras cosas?

CORNELIO: ¿Como qué?

RAMÓN: En sus atributos físicos.

CORNELIO: ¿De quién?

RAMÓN: De tu novia.

CORNELIO: Nunca.

RAMÓN: ¿Por?

CORNELIO: Eso no es importante.

RAMÓN: ¡¿Cómo chingados no?!

CORNELIO: Pues a mí no se me hace importante.

RAMÓN: ¿O sea que tu noviecita ideal no tiene cara ni cuerpo ni curvas ni lugares donde poner la mano?

CORNELIO: ¿Cómo crees?

RAMÓN: Entonces sí has pensado en eso.

CORNELIO: ...

RAMÓN: Éjele, ya sabía.

CORNELIO: ...

RAMÓN: Suelta, suelta.

CORNELIO: ¿Qué?

RAMÓN: Describe a tu novia ideal.

CORNELIO: ...

RAMÓN: Ándale.

CORNELIO: Nomás no se lo digas a nadie.

RAMÓN: Te lo juro por mi mamacita linda. Cuenta.

> En el siguiente párrafo, RAMÓN se sorprende cuando descubre que CORNELIO lo está describiendo a él.

CORNELIO: Mira, la imagino así como de mi estatura más o menos, esbelta, apiñonada. Una cara afilada que haga juego con su cuerpo delgado. Trompudita, ¿por qué no? Nariz chata. Ojos azules, barbilla partida a la mitad.

RAMÓN: ...

CORNELIO: ¿Cómo la ves?

RAMÓN: ...

CORNELIO: ¿Qué te parece?

RAMÓN (*molesto*): ¿Cómo que qué me parece?

CORNELIO: Te pregunto.

RAMÓN: Pues me parece que yo no tengo hermanas.

CORNELIO: ¿Y eso qué tiene que ver?

RAMÓN (*encabronado*): Pues me describiste a mí, güey.

CORNELIO (*sorprendido*): No mames.

RAMÓN: Soy yo, Cornelio.

CORNELIO (*defendiéndose*): Estás pendejo.

RAMÓN: Soy yo. Lo único que te faltó decir es que tocara el acordeón.

CORNELIO (*ofendido*): ¿Sabes qué? ahora sí te pasaste.

RAMÓN: Tú te pasaste primero.

CORNELIO: Mejor ya no quiero hablar.

RAMÓN: Yo tampoco. ¡Sáquese!

Cornelio solloza.

17

SEÑOR VELASCO: La fama no es para todos...

NARRADOR 4: ...dice el gran Señor Velasco.

SEÑOR VELASCO: Hay unos que no soportan su peso, que no saben manipularla. Cuando la fama llega, tienes que ser una especie de malabarista, tienes que tener los pies firmemente apoyados en el suelo, tienes que sujetarla del cuello y apretar.

18

RAMÓN y YÉSSICA GUADALUPE *interactúan entre ellos.*

NARRADOR 1: Ramón conoce a Yéssica Guadalupe durante una gira por Sonora. Cuando Jimmy Vaquera se la presentó:

NARRADOR 4: Ella era un par de piernas largas y calibradas.

NARRADOR 1: Después de unas horas...

NARRADOR 4: ...ella era también unas caderas excelsas y una cintura para poner las manos.

NARRADOR 1: Al final de la tarde, cuando Yéssica Guadalupe tenía...

NARRADOR 4 y NARRADOR 1: ...ojos y labios...

NARRADOR 1: ...ella le confesó sus principales ambiciones.

YESSICA GUADALUPE *es buchona y no muy inteligente.*

YÉSSICA GUADALUPE: Deseo ser reina de las fiestas patrias en mi natal Puerto Peñasco y después, ¿por qué no?, llegar a ser la mujer más bella de mi estado

NARRADOR 1: Ramón no duda que lo logre: rubia, ojos verdes, un metro setenta y cinco, minifalda, zapatos de tacón alto. Es una muchacha hermosa porque llena los requisitos que debe de llenar una muchacha hermosa. Además, lo admira. Ella le dice que lo admira y que es el más guapo de los dos relámpagos.

NARRADOR 2: Las piernas de Yéssica Guadalupe son dos edificios que se yerguen, sin temor a las alturas.

NARRADOR 1: Los dedos de Yéssica Guadalupe recorren el bigote de Ramón.

RAMÓN: Cosquillas.

YÉSSICA GUADALUPE: Besos.

YÉSSICA y RAMÓN (*acaramelados*): Amor.

NARRADOR 1: Se casan tres meses después.

NARRADOR 2: El novio le había pedido a Cornelio que fuera su padrino de bodas, pero este no llegó a la iglesia.

YÉSSICA GUADALUPE: Tampoco fue a la fiesta.

19

NARRADOR 4: Un acordeón y un bajo sexto. Ramón y Cornelio se complementan perfectamente. Terminan la canción y el entusiasmo del público no tiene límites.

GRUPO (*haciendo bulla*): Otra, otra, otra...

CORNELIO: La siguiente es parte de nuestro nuevo repertorio.

NARRADOR 2: El público aplaude.

NARRADOR 4 (*alzando la voz para escucharse por encima de la bulla*): Ramón se sorprende porque habían acordado con la disquera que no interpretarían esas canciones hasta que ya estuviera próxima la salida del disco.

RAMÓN: No debimos hacer eso.

NARRADOR 4: Cornelio ni voltea a verlo.

CORNELIO: Son mis canciones y yo hago con ellas lo que yo quiera. Eeeeey...

20

Cortinilla musical. CORNELIO *aparece disfrazado como se indica.* CARMELA RAFAEL *es hombruna, con voz grave.*

NARRADOR 1: Abrumado por el éxito, Cornelio suele realizar largas caminatas después de un concierto. Disfrazado con un bigote postizo y una peluca, la gente no lo reconoce en la calle; puede caminar solitario y contemplativo.

NARRADOR 4: Durante uno de esos recorridos conoció a Carmela Rafael. Ella estaba sentada en una banqueta leyendo un libro de poesía bajo la escasa luz de una lámpara mercurial. Se saludaron.

NARRADOR 2: Ella le contó de algunos poetas que él no conocía.

NARRADOR 4: Él le habló de algunas canciones que ella nunca había escuchado.

NARRADOR 4 y NARRADOR 2 (*conversando entre ellos*): Le sorprendió su inteligencia.

NARRADOR 2: Sin lugar a dudas ella no era una mujer como las demás, ni siquiera había oído hablar de los Relámpagos. Buscó la mejor manera de lanzarle un piropo, pero solo se le ocurrió...

CORNELIO: Oye ¿tienes novio?

NARRADOR 2: Carmela Rafael lo barrió de pies a cabeza, desde su sombrero tejano hasta sus botas puntiagudas de vaquero. Descubrió en Cornelio algo de la bestialidad humana que siempre había soñado, y de la cual solo había leído en las novelas románticas. Le pareció un poco extravagante que usara bigote y peluca. Lo atribuyó a que era un artista; su porte, su temperamento lo denotaban. Ella cavila sobre cuál será la respuesta más apropiada para una pregunta directa y elemental, solo se le ocurre...

CARMELA RAFAEL: No, no tengo novio.

21

NARRADOR 3: Las tocadas se vuelven cada vez más insoportables.

NARRADOR 4: Pueden interpretar cualquier canción.

NARRADOR 1: Pueden equivocarse.

NARRADOR 2: Pueden improvisar nuevos versos.

NARRADOR 3: Agredir.

NARRADOR 4: Menospreciar.

NARRADOR 1: Usar lenguaje...

NARRADOR 2: ...soez.

CORNELIO: Y el público ni se da cuenta.

NARRADOR 1: Entusiasmado por el oleaje histérico de encontrarse frente a los Relámpagos.

   El GRUPO *lanza calzones y brasieres al público.*

NARRADOR 2: Las mujeres lanzan pantaletas y chicheros al escenario.

   El GRUPO *lanza condones inflados al público.*

NARRADOR 3: Hombres lanzan condones inflados como globos.

RAMÓN y CORNELIO: Ya no hay respeto.

NARRADOR 4: Algunas personas que insisten en subir al escenario son interceptadas por musculosos guardaespaldas...

NARRADOR 1: ...que los arrojan con violencia sobre la turba enardecida.

NARRADOR 2: ¡La euforia!

NARRADOR 3: ¡Los gritos!

RAMÓN: Ya no hay respeto, nadie escucha las canciones ni nosotros mismos.

CORNELIO (*fastidiado*): Eeeeeey.

22

PRODUCTOR: Carmela Rafael opina sobre asuntos que desconoce: instrumentos, mezclas, ecualizaciones. La atmósfera cada vez es más tensa.

YÉSSICA GUADALUPE: Ramón y Cornelio han dejado de hablarse.

PRODUCTOR: Carmela Rafael comenta al ingeniero...

CARMELA RAFAEL: ¿Oye, no se te hace que el acordeón se oye un poco desafinado? ¿Por qué no le subes un poco al bajo sexto?

RAMÓN (*poniéndose de pie, encabronado*): Dile que no quiero a esa mujer aquí...

PRODUCTOR: ...me dice Ramón. El ingeniero lo ve, yo veo a Cornelio. Cornelio está muy orgulloso. Carmela Rafael es muy talentosa.

> CARMELA RAFAEL *se ofende,* CORNELIO *la tranquiliza.*

CORNELIO (*poniéndose de pie*): Una mujer culta que vigila cabalmente por mis intereses. (*Cornelio y Carmela Rafael se lanzan besos.*) Muaa, muaaaaa. Y dile a ese cabrón que chingue a su madre...

PRODUCTOR: ...dice Cornelio. La mujer no deja de poner atención a la consola. Son demasiadas palancas, botones y switches.

CARMELA RAFAEL: ¿No podrías hacer que la grabación suene... no sé cómo decírtelo... más padre?

PRODUCTOR: Graba la voz en otro canal.

CARMELA RAFAEL: Buena idea.

23

SEÑOR VELASCO: Ser tercero es peor que ser segundo...

NARRADOR 3: ...afirma el gran Señor Velasco.

24

CARMELA RAFAEL (*dirigiéndose a* CORNELIO): Querido mío: Es hora de que hablemos seriamente. Durante varios meses he contemplado tu trabajo, creo que has llegado a un punto trascendental en tu carrera, el momento de la decisión, cuando un hombre debe dejar se ser niño y asumir su compromiso con la humanidad. Deja los sentimentalismos. Lo esencial es tu profesión, tu talento, tu arte. No puedes cargar un estorboso y recargado equipaje. Tú has venido a este mundo para explorar y ser fiel a tu potencial artístico. No permitas que un lastre detenga tu ascenso. Tu destino es volar por encima de otro(s) que solo vive(n), como ré-mora(s) de tu éxito y tu creatividad. ¿Cuánto tiempo vas a continuar con esta farsa? No necesitas escuderos que te auxilien o que sostengan tus alas. Piensa en el ascenso y en el vuelo, solo en el vuelo.

CORNELIO: Eeeeeey.

25

PRODUCTOR: Habrá imitadores pero ningunos como ellos. Es una lástima que las cosas no puedan continuar. Traté de reconciliarlos. Piqué costillas. Palmadas en los cachetes. Pellizcos en la barriga. Los junté, los empujé. Jugué con ellos como si estuviera boxeando. Imposible: no logre hacerlos reír. Por lo menos una última tocada, ¿okey? Se lo deben a su público. Ramón y Cornelio ni voltean a verse.

26

El reportero se levanta y se sienta coquetamente en una esquina de la mesa.

REPORTERO: ¿Y qué hay que de cierto en esos rumores de que los Relámpagos se van a separar?

CORNELIO (*cantando*): "No hagas caso, nada es cierto...

RAMÓN y CORNELIO (*cantando*): ...son rumores, son rumores".

REPORTERO: Pero se habla de constantes pleitos en los estudios de grabación, de diferencias artísticas.

RAMÓN: ¿Qué te pasa? Somos carnalitos.

CORNELIO: Es lógico que surjan ese tipo de chismes en torno a un equipo creativo como el nuestro. Pero te puedo asegurar que los Relámpagos están aquí para quedarse. ¿No es así, Ramón?

RAMÓN: Así es, Cornelio. Para quedarse.

REPORTERO: Esto sin lugar a dudas es una gran noticia que hará felices a sus fans.

RAMÓN: Mándales un beso de nuestra parte.

CORNELIO: Eeeeey, de nuestra parte

REPORTERO: ¡Ay, ¿de veras?! (*Emocionado se acerca al público, localiza a un hombre y le planta un beso.*) ¡De parte de ellos!

27

NARRADOR 1: Deciden hacer su última tocada en el techo de los estudios de grabación. Ramón y Cornelio interpretan sus mejores canciones. Los dedos de Ramón se deslizan sobre los botones de su acordeón rojo y blanco. El bajo sexto y la voz de Cornelio están impecables. Como al principio. El sonido se esparce por la ciudad y la gente que pasa por las banquetas quiere saber si en realidad son ellos.

NARRADORES 2, 3 y 4: ¡Los Relámpagos, los Relámpagos!

NARRADOR 1: Unos tratan de subir al techo, otros se asoman desde las azoteas cercanas. Una multitud se junta en la calle. La policía interviene. Buscan la manera de callarlos.

NARRADOR 4: En el techo, ¡qué ocurrencia! Demasiado alboroto.

NARRADOR 2: ¡Más vale que se callen!, ¡más vale que dejen de tocar!

GRUPO: No.

NARRADOR 1: Los Relámpagos de Agosto terminan hasta que Los Relámpagos de Agosto deciden terminar. Es la última tocada. La gente aplaude.

CORNELIO (*repite las inmortales palabras de John Lennon*): Quiero agradecerles a nombre de la banda, y espero que haigamos pasado la audición.

28

Se usa un juguete que emite sonidos de gallinas,
vacas y caballos para ilustrar su presencia en el
siguiente párrafo.

NARRADOR 4: Después de la separación de los Relámpagos, Ramón decide tomar unas vacaciones en uno de sus ranchos. Por las mañanas, alimenta gallinas y ordeña vacas. Posteriormente, supervisa el trabajo de los peones. Ramón recorre a caballo la extensión de su propiedad, acompañado de su fiel acordeón rojo y blanco.

RAMÓN: Recorro a caballo la extensión de mi propiedad, acompañado de mi fiel acordeón rojo y blanco.

YÉSSICA GUADALUPE (*quejosa*): Atiende al ganado, extiende órdenes, amonesta a los vaqueros holgazanes. Descansa bajo un árbol y contempla el cielo.

NARRADOR 2: Y en esos momento por lo general saca algunas melodías de su acordeón. Procura no pensar en el pasado.

RAMÓN: El pasado... el pasado debe quedarse atrás, ese es su lugar.

NARRADOR 4: Yéssica Guadalupe es la primera en quejarse de esa existencia sin complicaciones. Su vida ha cambiado de la noche a la mañana.

YÉSSICA GUADALUPE: Las fiestas, la acción, la farándula, todo lo que me gustaba se ha quedado en la ciudad.

NARRADOR 2: Como Ramón le había propuesto...

RAMÓN: ...unas simples vacaciones...

YÉSSICA GUADALUPE: ...traté de adaptarme...

NARRADOR 4: ...considerando que solo sería durante una breve temporada.

NARRADOR 1: Coordinaba la limpieza de la casa y administraba la cocina.

YÉSSICA GUADALUPE: Y así pasaron meses.

NARRADOR 4: Yéssica Guadalupe, decidió hablar muy seriamente con su esposo.

YÉSSICA GUADALUPE: Ramoncito, el dinero no es eterno. Algo anda mal contigo. Pasas demasiado tiempo en la nada. Parece que quieres a ese acordeón más que a tu propia esposa. Juro que una vez me pareció ver que lo abrazabas. Eso está mal. (*Asqueada.*) Si yo fuera otra, pensaría que tienes una obsesión extraña con ese instrumento. Una cosa es que estés deprimido y otra que hagas cochinadas con objetos inanimados. Despierta. Resucita. Haz algo. Piensa en nuestro futuro, Ramón.

29

NARRADOR 1: Cornelio admira las canciones de José Alfredo. Tras bambalinas, antes de empezar el programa, advierte que el maestro está platicando con unos músicos.

CORNELIO: ¡Mi colega José Alfredo!

NARRADOR 1: Le dice a Carmela Rafael.

CORNELIO: Se me hace que le voy a dar un susto.

NARRADOR 1: Sonríe como si estuviera a punto de hacer una travesura. Se acerca sigiloso. Travieso, se tapa la boca para contener una carcajada. José Alfredo está muy ocupado, refunfuñando porque unos arreglos no salieron como él quería. Regaña a un violinista.

JOSÉ ALFREDO (*encabronado*): ¡Pendejo!

NARRADOR 1: Reprende a un trompetista.

JOSÉ ALFREDO (encabronado): ¡Pendejo!

NARRADOR 1: Amonesta a los del guitarrón y la vihuela.

JOSÉ ALFREDO (*doblemente encabronado*): ¡Pendejo y pendejo!

NARRADOR 1: Sermonea al mariachi completo.

JOSÉ ALFREDO (*muy encabronado*): ¡Son una bola de pendejos!

NARRADOR 1: Cornelio espera el momento adecuado, se acerca y le pica las costillas con un dedo. José Alfredo voltea enfurecido.

JOSÉ ALFREDO (*encabronadísimo*): ¡¿Qué quieres?! ¡¿Qué quieres?!

NARRADOR 1: Cornelio pide disculpas y se va.

CORNELIO (*apenado*): Ey.

30

NARRADOR 3: Llegan hombres jóvenes, muy elegantes, para ofrecer contratos a Ramón. Le dicen:

NARRADOR 4: Si Cornelio tiene éxito como solista, tú también puedes.

NARRADOR 3: Ramón nota que cada uno de ellos tiene un diente de oro que brilla como si tuviera luz propia. Las uñas arregladas y las corbatas iguales.

Se usa un juguete que emite sonidos de gallinas, vacas y perros para ilustrar su presencia en el siguiente párrafo.

RAMÓN: ¿Ustedes qué saben de música? Olvídenlo. ¡Y por qué me tutean, babosos! ¡¿Qué no saben quien soy?! Váyanse de aquí. Tengo que darle de comer a las gallinas, tengo que ordeñar las vacas. No tengo tiempo para ustedes. ¡Sáquense! (*Se escuchan ladridos de perros.*)

31

PERIODISTA FRANCESA: Tal como se esperaba, su primer disco como solista fue muy celebrado por la crítica especializada, el segundo superó todas las expectativas y el tercero, que contiene el éxito "Me subí a la nube", ha sido el mejor de todos.

PERIODISTA CHINA: En Estados Unidos no deja de tocarse.

PERIODISTA ARGENTINO: Esperamos por lo menos un disco de platino, ¡viste!, de platino.

PERIODISTA FRANCESA: Por lo menos.

32

SEÑOR VELASCO (*carcajeándose*): Ramón es un fracaso. Me acaban de decir que lo vieron hace poco en el supermercado, escogiendo tomates, en medio de señoras que no lo reconocían. No cabe duda que ya pasó al olvido. Es un jasbín, un nóbari. Ni modo, es el destino de los segundones.

NARRADOR 1: Cornelio solo escucha. No tiene nada que opinar.

CORNELIO: Ey.

33

RAMÓN (*suspirando*): Un atardecer en la pradera. Sentado y recargado en este frondoso encino, escuchando el canto de los pájaros, el himno de la naturaleza.

NARRADOR 4: Ramón le saca unas melodías a su acordeón. Una de esas viejas canciones de los Relámpagos.

RAMÓN: "Chaparrita pelo chino".

NARRADOR 1: Sonríe. A veces solloza. Parece que solo le queda la música. Su acordeón y su música. Abraza fuertemente a ese instrumento rojo y blanco, cada día con mayor fuerza.

NARRADOR 4: Algunas veces, acostado en la llanura, lo levanta en sus manos y observa el reflejo de los últimos rayos solares en su armadura. Contempla ese fulgor. Acaricia la textura del acordeón.

RAMÓN: Tanto tiempo juntos, caray.

NARRADOR 4: Y no se había dado cuenta, caray, de esa suavidad única, como una camisa recién planchada.

NARRADOR 3: Nadie lo entiende en esos días. Su esposa quiere dejarlo. Los trabajadores del rancho lo abandonan. Cornelio, ni siquiera una carta. Definitivamente nadie lo entiende. Excepto. Quizás. Su acordeón.

RAMÓN: Yo no sé por qué decimos el acordeón. Es paradójico porque cualquiera que la mirara con detenimiento aseguraría que es (*enamorado*) una acordeón.

NARRADOR 2: Ramón juguetea con ella. Se vuelca en la tierra con ella. La acerca a su cara, le habla bajito.

RAMÓN (*de plano caliente*): Qué bonito brillas. (*Se para, finge correr, abraza a su acordeón.*)

NARRADOR 2: Corren juntos. Se caen, dan vueltas. Se ríe. La acerca nuevamente a su cara.

RAMÓN: Solo tú me comprendes.

NARRADOR 2: Lentamente, Ramón le sacude el polvo y la prepara para regresar a su casa.

RAMÓN (*coqueto*): Eres linda, eres pelirroja, tienes bonito cuerpo. Me parece que ya es hora de bautizarte. Desde ahora te vas a llamar Marilú... ¿te gusta ese nombre? Ajajá, ya sabía que sí. (*La abraza, la mece.*)

34

Cortinilla musical.

DIRECTOR: ¡Coooorrrte!

El GRUPO reacciona con fastidio.

NARRADOR 3: Se detiene la escena.

NARRADOR 2: Los actores y el personal técnico están molestos.

NARRADOR 3: El director intenta explicar otra vez.

DIRECTOR (*hablando a través de un cono tipo megáfono*): Ya sé que no eres actor, Cornelio, ya sé que te cuesta trabajo. Concéntrate. No es difícil. Se trata de una escena dramática. Un incendio en la vecindad. Llegas. ¿Dónde está tu hijo, dónde está tu querido Becerrito? Entras a tu casa en llamas, lo buscas. Los vecinos suspiran...

GRUPO *suspira.*

DIRECTOR: Los vecinos lloran...

GRUPO *llora.*

DIRECTOR: El momento más dramático de la película es cuando sales con la cara manchada de ceniza. No puedes decir simplemente "mi hijo, mi hijo" como si fuera algo intranscendental (sic). Tienes que hacer un esfuerzo, meterle filin. ¿Has oído hablar de Stanislavsky?

CORNELIO *niega con la cabeza.*

DIRECTOR: No importa. Busca dentro de ti, Cornelio. Recuerda algo triste, ¿nunca has tenido una vivencia impactante? Invoca ese recuerdo. Métele ganas... ¡Acción!

CORNELIO (*melodramático en mal plan*): ¡Becerrito! ¡Becerrito!

DIRECTOR: ¡Coooorrrte! Se queda.

NARRADOR 2 (*sorprendido*): ¡Qué, pero cómo!
El DIRECTOR *alza las manos en señal de resignación.*

35

YÉSSICA GUADALUPE (*dictándole de mala gana a Ramón mientras este toma nota*): Dos kilos de tomate. Una lechuga. Un kilo de limones. Un chayote. Un costal de papas. Medio kilo de cebollas. Un repollo. No olvides el cilantro, Ramón. La última vez se te olvidó el cilantro, Ramón.

36

Durante el siguiente monólogo, NARRADOR 1 *le lima las uñas a* CORNELIO. *Este sostiene una copa. Otro de los actores se levanta y le sirve de una botella en actitud de mesero.*

CORNELIO: Se siente distinto. No es lo mismo estar parado solo frente al público. Antes, los aplausos eran compartidos, mitad para mí, mitad para Ramón. Ahora todo es mío. Todo el entusiasmo del público cautivo. Todas las ganas de tocarme, de acostarse conmigo, de querer ser como yo. Es algo inesperado. Pienso en mi amigo. Lo veo como una fotografía Polaroid, de esas que se empiezan a borrar con el tiempo, lo recuerdo como a una antigua esposa, alguien con quien tuve buenos momentos que ahora han quedado en el olvido. Me gustaría que estuviera él aquí. creo que estaría orgulloso de lo que he logrado. ¡Eeey!

37

La BOTELLA *sostiene una botella de tequila sobre su cabeza. Habla realizando un movimiento oscilante sobre su silla. Su voz es similar a la del muñeco Titino.*

NARRADOR 2 (*tras un redoble con las manos*): Ramón platica con una botella de tequila.

BotELLA: Y la botella responde.

Ramón (*borracho*): No estoy contento con mi vida.

BotELLA: ¿Por qué?

RAMÓN: Siento que podría estar haciendo cosas mejores.

BotELLA: ¿Cómo cuáles?

RAMÓN: Creo que tengo el potencial.

BotELLA: ¿De qué?

RAMÓN: No estoy seguro.

BotELLA: ¿Entonces?

RAMÓN: Me gustaría que fuera como antes.

BotELLA: ¿Antes de qué?

RAMÓN: Mi esposa no me quiere.

BotELLA: ¿Qué esperabas?

RAMÓN: Mi hijo no me quiere.

BotELLA: ¿Yyyy...?

RAMÓN (*sollozando*): Soy un fracaso.

BotELLA: De eso no cabe duda.

38

NARRADOR 2: Un hombre se acerca a Cornelio. Es muy claro con él.

> NARCOTRAFICANTE *se levanta de su silla y se dirige a* CORNELIO *con marcado acento sinaloense.* CORNELIO *está obviamente intimidado.*

NARCOTRAFICANTE: Debes escribir una canción. Si decides no escribir esa canción: te mueres. Vas a recibir mucho dinero por esa canción. Si no aceptas el dinero: te mueres. Esa canción debe contener las siguientes palabras, en orden alfabético (CORNELIO *toma nota de la lista*): amigo, gallo, valiente, AK-47, perico, Tijuana, pacas de a kilo, Cherokee del año, chivo, amapola, mujeres, jefe de jefes. Si excluyes una de estas palabras: te mueres. La canción es para festejar el cumpleaños de mi patrón. Es posible que recibas una invitación para tocar en su fiesta. Si rechazas la invitación:

GRUPO (*exclamando de pie y señalando a* CORNELIO): ¡Te mueres!

NARRADOR 3: Cornelio, sinceramente consternado, le da la lista de palabras a Dios para que escriba la canción lo más pronto posible. Dios lo media durante un par de días.

El GRUPO *hace un coro angelical y sonido de campanitas.* Dios *habla desde arriba de su silla.*

DIOS (*borracho*): ¿Sabes qué? Yo no escribo chingaderas. Aquí solo hay un jefe de jefes.

CORNELIO: Pero si regresa...

DIOS: Tú deja en mis manos ese asunto. No te preocupes, hay cosas que yo puedo arreglar.

DIOS *emite una carcajada maléfica.*

39

RAMÓN *no habla pero está obviamente borracho.*

ABOGADO: El arreglo es muy sencillo...

NARRADOR 1: ...dice el abogado.

ABOGADO: La señora Yéssica Guadalupe quiere su dinero.

YÉSSICA GUADALUPE: Sus regalías, su rancho, sus carros, sus jueguitos de computadora, sus palos de golf, sus botas de cocodrilo, su colección de hebillas y sombreros, su suscripción al Riaders Díjest, los aparatos electrónicos y su colección completa de cidís y bonsáis. Y te puedes quedar con tu acordeón, porque me repugna ver ese aparato en la casa.

ABOGADO: Podemos negociar la ropa que trae puesta, pero no la que está guardada en los roperos. Firme ahí donde está marcado con una equis.

40

Cortinilla musical.

NARRADOR 1: Cornelio y José Alfredo en el rincón de una cantina.

JOSÉ ALFREDO: Lo importante son tus canciones. Lo demás vale verga.

CORNELIO: La imagen también es importante.

JOSÉ ALFREDO: Na, na, na, na… Concéntrate en la música.

CORNELIO: Uno debe verse estupendo frente a las cámaras.

JOSÉ ALFREDO: Na, na, na, na… Si no te falla el mariachi, ya la hiciste. Si cantas desde el fondo del cora, qué importa si traes los pantalones rotos. El público quiere escucharte; mirarte es lo de menos.

CORNELIO: El gran Señor Velasco me ha dicho que cuide mi apariencia…

JOSÉ ALFREDO: Na, na, na, na…

CORNELIO: …que piense en el teleauditorio…

JOSÉ ALFREDO: Na, na, na, na…

CORNELIO: …que no olvide que Latinoamérica me está viendo.

JOSÉ ALFREDO: Na, na, na, na… Velasco es un pendejo, muchacho.

GRUPO: Sí, sí, sí, sí…

JOSÉ ALFREDO: Te lo digo yo que conozco a muchos como él.

NARRADOR 1: José Alfredo ya está viejo, piensa Cornelio.

41

Durante el siguiente monólogo, el GRUPO *emite sonidos de viento.*

CORNELIO (*hablando a través del cono, tiritando de frío*): Hace frío en la cumbre. Mi público parece muy pequeño desde aquí qui qui qui. Quisiera alcanzarlos. Decirles que todavía estoy con ellos, que están en mi corazón zon zon zon. Mucha soledad acá arriba ba ba ba. Sé que algún día tendré que bajar. ¿O no no no no? Tal vez aquí permanezca durante el resto de la eternidad dad dad dad. Como Infante te te te, como Solís is is is, como Negrete te te te. Ellos también ocuparon un lugar en la cumbre bre bre bre. Ellos también murieron solos e incomprendidos dos dos dos. Ahora solo poseo mi soledad y mis canciones nes nes nes. Nada más puedo ofrecerle al mundo do do do. (*Suspirando.*) Eeey ey ey ey…

42

RAMÓN *sigue borracho.*

NARRADOR 4: Ramón en una esquina, abrazado de un poste, se cae, se cae. El mundo da vueltas. Suelta la botella. Se estrella, se rompe, se hace pedazos.

NARRADOR 4 y NARRADOR 2: Ramón en el suelo.

NARRADOR 2: No se puede levantar. Se apoya, intenta pararse, se cae de nuevo. Algunos ríen.

NARRADOR 4: Qué les importa. Déjenlo en paz.

NARRADOR 2: Busca la botella y se corta un dedo.

RAMÓN (*hablando con* NARRADOR 3, *a su lado*): ¡Sangre! Fíjate bien, con estos dedos yo tocaba un acordeón rojo y blanco. ¿Sabes cómo se llamaba mi acordeón?

NARRADOR 2: Se incorpora. Alguien le habla. ¿Qué le dice? Se cae de nuevo. Golpe en la cabeza. Oscuridad.

43

SYLVIA SELENE *es una actriz de la época de oro del cine nacional. Muy, pero muy parecida a María Félix.*

NARRADOR 1 (*sosteniendo un micrófono*): Durante el rodaje de su película más reciente, la primera actriz Sylvia Selene intenta seducir a Cornelio.

NARRADOR 4: Cornelio interpreta al indio cantor Tonatiuh; Sylvia personifica a Candelaria, la bella y rica...

SYLVIA SELENE: ...pero melancólica...

NARRADOR 4: ...hija de un poderoso hacendado.

NARRADOR 1: En un momento importante de la historia, Tonatiuh salva a Candelaria de una suerte peor que la muerte.

NARRADOR 2: La hermosa mujer...

SYLVIA SELENE: ...agradecida...

NARRADOR 2: ...le propina un beso al indio, ocasionando que este se enamore de ella, la rapte e intente convencerla de su amor. Esto, solo para llegar a un final trágico...

CORNELIO (*imitando a Pedro Infante en Tizoc*): ...que hará llorar a la mayor parte del público cinéfilo.

SYLVIA SELENE: La escena requería un beso tierno.

NARRADOR 2: Sin embargo, la Selene se aprovechó del momento y le plantó a Cornelio un tremendo beso en donde se involucraron labios.

GRUPO *hace sonido de besos atronadores.*

NARRADOR 4 y SYLVIA SELENE: Lengua y dientes.

NARRADOR 2: Y que llegó a durar, según cronómetros...

CARMELA RAFAEL (*pellizcando a* CORNELIO): Seis minutos con treinta y cuatro segundos.

NARRADOR 2: Al final del beso, y ya para cuando el director había dicho...

DIRECTOR: Corte, corte, corte...

NARRADOR 2: ...unas veinticinco veces...

DIRECTOR: ¡Échenles agua!

NARRADOR 2: ...la voz grave de la Selene retumbó a lo largo y ancho del estudio.

SYLVIA SELENE: Quiero que seas mío, Cornelio.

CORNELIO *se chivea.*

NARRADOR 4: Para el cantante, estas palabras fueron un gran halago, un descomunal elogio de parte de una de las mujeres más bellas de la galaxia.

NARRADOR 1: Hizo una pausa dramática. Bajó la mirada y con voz baja contestó:

CORNELIO (*con voz de galán*): Usted dispensará; pero mi corazón es de mi eterna esposa, la sin par Carmela Rafael.

NARRADOR 1: ¡Aaaaaawwwww!

NARRADOR 2: Sylvia Selene arquea una de sus cejas, con ese donaire que la caracteriza; se da la media vuelta y abandona el set dando un portazo.

SYLVIA SELENE (*ofendida y encabronada*): ¡Bah!

CORNELIO y CARMELA RAFAEL: ¡Eeeeeey!

44

SUSANA *es una chiquilla muy pero muy norteña, como de algún cerro de Nuevo León, Coahuila, Chihuahua o Sonora.* RAMÓN *sigue borracho.*

SUSANA: ¿No es usted Ramón?

RAMÓN: Ey.

SUSANA: ¿Ramón de los Relámpagos?

RAMÓN: Ajá.

NARRADOR 1: Susana tiene dieciocho años. Le pide a un amigo que la ayude a levantarlo.

SUSANA (*entusiasmada le dice al amigo*): Quiero llevármelo a mi casa.

AMIGO (*con acento muy norteño*): Estás loca. Míralo, es un borracho, no se ha bañado, huele a guácara, ¿Qué va a decir tu amá? ¡Nel!

45

NARRADOR 2: Les urge llegar a Guadalajara. Está lloviendo. Mucho viento. El clima no favorece. El representante dice...

REPRESENTANTE: Vamos a tener que contratar una avioneta.

NARRADOR 2: Cornelio estornuda, le duele la garganta, se siente muy mal.

CORNELIO (*mormado*): ¿A poco crees que voy a cantar así? Ni madres. Vayan ustedes. Después los alcanzo.

REPRESENTANTE: Mañana es el concierto. Nos están esperando.

CORNELIO: Vayan ustedes, yo no aguanto esta gripa.

NARRADORES 3 y 4 *hacen movimientos trepidatorios, indicando que viajan en la avioneta.*

NARRADOR 2: Cornelio pone atención al despegue de la avioneta. Ahí van los músicos, los instrumentos, los técnicos, los ayudantes. Demasiado para una avioneta tan chiquita. Se eleva con dificultad. Cornelio carraspea. Intenta solfear.

CORNELIO (*cantando, ronco*): Vengo a decirle adiós a los mucha...

NARRADOR 2: ...chos. La lluvia arrecia. El frío no tiene madre.

Cornelio (*tiritando*): Eeeeeey...

46

Ramón *está borracho y adormilado, pero reacciona con las palabras de* Susana.

Susana: Es difícil de explicar, señor Ramón. La música de los Relámpagos siempre fue muy especial para mí, como algo íntimo que se esconde debajo de la cama, como algo que no quieres que sea descubierto. Su música es como una multitud de pájaros que deciden pararse frente a mi casa en unos cables de luz. No sé si me entiende.

Ramón: Ni madres.

Susana: Si yo le pusiera nombre a su música, si yo la llevara a la iglesia para que la bautizaran, diría que se llama Alejandro, porque así se llamaba mi papá, un hombre alto que durante las mañanas leía el periódico y escuchaba sus discos de los Relámpagos. Se sabía las canciones de memoria. Una vez me dijo que hubiera querido ser músico, como usted, y que si fuera músico, como usted, solo tocaría el acordeón y solo canciones norteñas. Él no sabía de instrumentos, pobrecito, ni siquiera era afinado; pero cómo le gustaba escucharlo. Yo era una niña chiquita entonces. Se agachaba y bailábamos de cachetito. Mi papito chulo. Cómo lo extraño. Se parecía mucho a usted. Igualito de guapo.

Narrador 2: Ramón abre los ojos y contempla las esplendorosas piernas de Susana. Están muy cerca, al alcance de su mano.

Susana *sonriente y coqueta le da un manazo a* Ramón *cuando trata de tocarla.*

47

Narrador 1: Juiqui, juiqui, juiqui, juiqui.

Narrador 4: Le arde la garganta. Cornelio abre la puerta de su casa. Se quiere acostar.

Cornelio (*mormado*): ¿Dónde están las aspirinas?

Narrador 4: La cabeza y los músculos adoloridos.

CORNELIO: ¿Le hablaré al doctor?

NARRADOR 1: Juiqui, juiqui, juiqui, juiqui.

NARRADOR 4: La casa está oscura. Se escucha algo de música, el volumen muy bajo. Sube los escalones. Reconoce "La banda del carro rojo", interpretada por los Tigres del Norte.

CORNELIO: Esos Tigres no tienen futuro.

NARRADOR 4: Canciones de traficantes, a la gente no le va a gustar eso.

NARRADOR 1: Juiqui, juiqui, juiqui, juiqui.

CORNELIO: Tengo que hablar con mi vieja de que no ande poniendo esa música.

NARRADOR 1: Juiqui, juiqui, juiqui.

NARRADOR 4: No se percata de otros ruidos que también provienen de la recamara: suspiros, resuellos.

NARRADOR 1: Juiqui, juiqui...

NARRADOR 2 y 3 (*resollando hasta el final de la escena*): Ah, aah, aaaah...

NARRADOR 4: La cama haciendo...

NARRADOR 1: ...juiqui, juiqui, juiqui, juiqui...

CORNELIO: ¿Dónde están las aspirinas?

NARRADOR 4: Entra a la recámara, enciende la luz.

NARRADOR 1: ...juiqui, juiqui, jui...

> *El GRUPO grita sorprendido.*

CORNELIO: ¡Inche Carmela Rafael, hija de la chingada!

> CORNELIO *llora a gritos. Entran "Tu traición",*
> *interpretada por Cornelio Reyna.*

48

> RAMÓN *está repuesto.*

NARRADOR 2: Ya nadie lo recuerda.

NARRADOR 3: Los pocos amigos que se encuentra no lo reconocen.

NARRADOR 4: ¿Qué te pasó? Te ves más joven.

NARRADOR 1: ¿Te cortaste el bigote?

NARRADOR 2: Solo quiere una oportunidad.

NARRADOR 3: Llega con la idea de crear un grupo nuevo.

NARRADOR 4: Los Bravos de Agosto. Algo que se parezca a los Relámpagos.

NARRADOR 1: Igual pero distinto.

NARRADOR 2: Con más sabor, más bailable.

NARRADOR 3: Lo acompaña su acordeón rojo y blanco.

NARRADOR 4: Los dedos de Ramón tienen buena memoria, se deslizan por el instrumento, lo acarician y con mucha naturalidad empieza una melodía que acaba de componer.

NARRADOR 3: "Susanita ojos bonitos".

49

El siguiente monólogo es una plática de cantina. CORNELIO, *con una botella de tequila en la mano, conversa con* NARRADOR 1 *que se encuentra ataviada como hombre.*

CORNELIO (*borracho*): Mujeres hay muchas. ¿Te has fijado cómo reparan en mí? Deberías verlas después de uno de mis conciertos. (*Intenta darle un trago a su botella pero él mismo se interrumpe.*) Se amontonan afuera de mi camerino, quieren entrar a como dé lugar. (*Intenta darle un trago a su botella...*) Desean acostarse conmigo, sueñan con tener hijos que se parezcan a mí. (*Intenta darle un trago a su botella...*) Si yo quisiera me acostaría con cada una de ellas sin importar las consecuencias. (*Intenta darle un trago a su botella...*) Pero ¿sabes qué?, son puras viejas traicioneras, vacías, (*Empieza a lloriquear, intenta darle un trago a su botella...*) que solo te quieren un ratito para decirle a sus amigas que se cogieron a un chingón. (*Intenta darle un trago a su botella...*) A cualquiera de ellas puedes entregarle tu amor, tu confianza, tu dinero, dejar que opinen sobre cosas que no saben, las subes a un pedestal, las vuelves reinas y luego terminan acostándose con el primer tigre que pasa (*Intenta darle un trago a su botella...*). Todas son iguales. Quizás dirán que soy un anticuado, pero yo busco a una mujer de corazón; una que me quiera porque soy yo, no un ídolo, no una estrella luminosa. Lo malo es que es difícil ser juez y parte a estas alturas del camino. (*Intenta darle un trago a su botella...*) Tendría que volver a nacer (Intenta darle un trago a su botella...) y es imposible. (*Intenta darle un trago a su botella...*) Ni modo. (*Sus lamentos se vuelven más intensos, intenta darle un trago a su botella...*) Uno cambia la fama por la felicidad. (*Intenta darle un trago a su botella...*) Es el pacto que hacen los artistas. (*Intenta darle un trago a su botella, pero renuncia a ello y la deja a un lado.*) ¡Ya no quiero! (*Solloza abiertamente.*)

50

NARRADOR 1: Susana tiene dieciocho años, no sabe de tomates.

SUSANA (*negando*): Ah-ah.

RAMÓN: Es fácil, mira,los tocas con suavidad, como sobándolos. Si están muy suavecitos, no sirven. El tomate tiene que estar duro, pero no mucho. Lo suficiente como para introducirle un cuchillo y que no se desbarate. Cuando los cortas, las rodajas deben quedar perfectas.

NARRADOR 1: Susana tiene dieciocho años, no sabe de espagueti.

SUSANA (*negando*): Ah-ah.

RAMÓN: La cuestión es hervirlo a fuego lento, y no desatender la pasta porque se puede pegar. Conviene ponerle unas gotas de aceite de oliva durante el hervor, esto ayuda aunque no sé para qué.

NARRADOR 4: Susana lo idolatra. Sus grandes ojos cafés resplandecen junto al vapor del agua hirviendo. Pone sus manos sobre Ramón, lo toca con suavidad, como sobándolo. No está suavecito, no.

NARRADOR 1: Su hombre es duro, muy duro. Las rodajas serían perfectas.

Con emoción enlistan las canciones de los Bra-
vos de Agosto.

NARRADOR 4: Sucesión de éxitos.

NARRADOR 2: "Susanita eres la mejor".

NARRADOR 3: "Tan chiquita pero tan grandota".

NARRADOR 4: "Abre las piernas, angelito".

NARRADOR 2: "Seis rosas para Susana".

NARRADOR 3: "Esta noche me la llevo".

NARRADOR 4: "Que no se entere su mamá".

NARRADOR 2: "Le pongo una bonita casa de adobe".

NARRADOR 3: "Hora de casarnos, muñequita".

52

CARMELA RAFAEL *escribe a* RAMÓN. *Este lee la*
carta. CORNELIO *responde negativamente como*
si también la leyera.

CARMELA RAFAEL: Estimado Ramón. Debe causarte extrañeza
recibir una misiva de una mujer que solo supo causarte
problemas. Para que veas cómo el mundo da vueltas, y los
que estuvieron una vez en la cima del éxito pueden llegar al fondo de una insondable oquedad. Las cosas no son
iguales en mi vida, Cornelio ha olvidado el significado del
amor. Su corazón se ha contraído y todo lo que era dulzu-
ra en ese gran hombre ahora se ha convertido en un irre-
ductible odio hacia mí. Sabrá Dios de dónde viene tanto
resentimiento.

NARRADOR 3 y 4 (*entre resuellos*): Juiqui, juiqui, juiqui.

CARMELA RAFAEL: Sin embargo, no estoy escribiéndote para
quejarme de mi existencia, mi única petición es que busques a tu antiguo amigo, que lo salves del naufragio que
ha escogido como vida. Ese Cornelio es un testarudo; no
será capaz de llamarte por más que piense en ti y se la
pase escuchando tus discos. Que no me quiera, eso no me

importa; pero ve a buscarlo, Ramón. No te lo pido por mí, sino por él. Está enfermo. Está loco.

CARMELA y RAMÓN: No sé qué le pasa.

53

NARRADOR 4: Ramón se entera de que Cornelio ha regresado a Tijuana. Cuando los Bravos de Agosto pasan por ahí durante una de sus giras, Ramón le manda dos boletos y un recado.

RAMÓN: Acompáñanos, hermano.

NARRADOR 4: Los Bravos se presentan en la plaza de toros. Rompen records de asistencia. De Cornelio, ni sus luces.

54

NARRADOR 3: Dios le habla por última vez.

> GRUPO *hace coro angelical y suenan campanitas.*

DIOS (*borracho, arriba de su silla*): ¿Qué te sucede, cabrón? ¿A poco te vas a rendir? No seas coyón. Qué ¿pensaste que la vida era puro caramelo y chocolate? Pues no. La vida es una pinche montaña rusa. Los pendejos se caen (*se cae de la silla momentáneamente y luego se recupera, sube de nuevo a la silla*), los abusados siguen agarrados del vagón. ¿Qué onda? No me falles ahora después de tanto que hemos hecho juntos. Aquí tengo otra canción para ti, ponte trucha.

> *Ceremoniosamente, le entregan a* DIOS *un avión de papel, mientras...*

NARRADOR 1 y 3 (*cantando*): A-leluya, a-leluya.

DIOS: Es una canción de amor. Un amor que empezó chingón y que luego valió madre. Ahí te va...

> DIOS *lanza el avión a* CORNELIO *y este lo captura en el aire, lo desdobla y lee la canción.*

DIOS: ¿A poco no está bien bonita? Una canción que yo tenía guardada para José Alfredo, pero que nunca le solté y ahora es tuya. ¿Qué te parece? Nomás no te rindas, Cornelio. Necesito una voz. Tú eres esa voz. Alivianate. Toca. (*Grandilocuente.*) ¡Levántate y anda!

NARRADOR 1 y 3 (*angelical*): Aaaaaaaaaah.

DIOS: Tu público te espera. Nuestro público nos espera. ¿Dónde voy a conseguir a otro cabrón como tú?

55

NARRADOR 1: Una de tantas cantinas en la Zona Norte.

NARRADOR 4: Viernes en la noche.

NARRADOR 3: El maestro de ceremonias trata de calmar al escaso público.

NARRADOR 2: Cuenta malos chistes. El ambiente empeora.

NARRADOR 3: Vuelan botellas e insultos.

GERENTE: Y Cornelio se tarda mucho en salir al escenario.

NARRADOR 3: El gerente toca la puerta de su camerino. Nadie abre, nadie contesta. Les ordena a sus ayudantes que la tumben. Cornelio dormido, botella en la mano.

GERENTE: Escúchame, imbécil, te contraté cuando ya nadie quiere contratarte. Te di una oportunidad, idiota. Ahora me cumples, cabrón. Me cumples o te chingo.

REPORTERO: Cornelio aparece ante la luz de los reflectores. El ojo izquierdo inflamado. Apenas se entiende lo que dice cuando dirige unas palabras al respetable. No se ha rasurado en varios días. Está muy gordo. Empieza con "Me subí a la nube". Algunos nostálgicos aplauden.

NARRADOR 1: La voz.

GERENTE: ¿Dónde está la voz?

NARRADOR 2: La memoria.

GERENTE: ¿Dónde está la memoria?

NARRADOR 2: Se le olvida la letra. Improvisa

CORNELIO (*cantando borracho, lastimoso*): Y tú que te creías el mejor de todos / mira ahora lo que ha sido de ti...

El GRUPO *abuchea.*

NARRADOR 3: La gente abuchea.

NARRADOR 4: Vuelan botellas, insultos.

NARRADOR 2: Pleito.

NARRADOR 3: Vuelan sillas y mesas.

GERENTE: La noche valió madre.

56

NARRADOR 1: Ramón espera que el gran Señor Velasco lo llame de un momento a otro. Cuando lo haga, va a tener el gusto de decirle que no quiere asistir a su programa y que se vaya mucho a la mierda. Espera, pero la llamada nunca llega.

RAMÓN: Ese pinche Señor Velasco todavía cree que soy un segundón...

57

Entran los primeros versos "Qué vuelva", interpretada por Cornelio Reyna. Suena el teléfono. CORNELIO está entre aturdido y deprimido cuando contesta. No entiende, solo repite.

RAMÓN: Cornelio, ¿eres tú?

CORNELIO: ¿Eres tú?

RAMÓN: Sí, sí, te habla Ramón.

CORNELIO: ¿Ramón?

RAMÓN: Te llamo para ver cómo estás.

CORNELIO: ¿Cómo estás?

RAMÓN: Yo bien, gracias. Pero he oído que te sientes mal, que andas un poco enfermo. Quería que supieras que por acá pensamos mucho en ti y te deseamos lo mejor.

CORNELIO: ¿Lo mejor?

RAMÓN: Sí, hombre. Quería invitarte a que grabaremos un disco juntos.

CORNELIO: ¿Juntos?

RAMÓN: Claro. Un nuevo disco de los Relámpagos de Agosto. Para cantar las viejas canciones otra vez.

CORNELIO: ¿Otra vez?

RAMÓN: ¿A poco no sería buena idea? Tú y yo juntos, como antes.

CORNELIO: ¿Como antes?

RAMÓN: Piénsalo. Creo que sería un exitazo. Dile a tus representantes que le hablen a mis representantes.

CORNELIO: ¿Mis representantes?

RAMÓN: Nos vemos, Cornelio. Me dio mucho gusto saludarte.

CORNELIO: Eeeey.

58

NARRADOR 3: Cornelio ha decidido dejar de beber. Esa mañana se levanta temprano, se afeita. Habla por teléfono. Se le nota fresco, entusiasta. Dice que empezará una dieta y caminará todas las mañanas para bajar la panza.

NARRADOR 2: Compra el periódico. Se queja de la situación política. Enciende la radio. La pinche música que están haciendo ahora.

CORNELIO: Esos mocosos no saben lo que tocan. Yo me acuerdo de la mera época de los Relámpagos, entonces sí sabíamos lo que era una canción norteña. Los corridos hablaban de hombres valientes, no de narcotraficantes culeros. Voy a escribir una canción y les voy a enseñar a estos babosos lo que es hacer buena música.

NARRADOR 1: Y comienza a escribir en pequeños cuadros de papel.

> CORNELIO *canta con ímpetu.* RAMÓN *le hace segunda.*

CORNELIO: Yo recuerdo cuando éramos amigos / lo bonito que te oía hablar de mí / ahora que han pasado muchos años / parece que olvidaste...

NARRADOR 1: Parece que olvidaste... No es lo mismo sin el bajo sexto. Cornelio abre un baúl. Una de las cuerdas está rota. No importa.

113

RAMÓN y CORNELIO (*cantando*): Parece que olvidaste / el amor que un día tuvimos, / ese amor que te hizo sentir más mujer...

> CORNELIO *canta con dificultad, lo interrumpe el dolor.* RAMÓN *continúa hasta que* CORNELIO *muere.*

NARRADOR 4: Ahí está el dolor. El pinche dolor, ¿no lo ven, no lo sienten? Aparece en un lugar profundo y negro como su suerte.

NARRADOR 3: Manosea su corazón, lo estruja y se clava en el fondo de su cerebro. Pinche dolor. Cornelio quiere seguir.

NARRADOR 1: No puede.

CORNELIO (*cantando sin fuerza*): Ese amor que te hizo sentir más mujer.

NARRADOR 3: El bajo sexto se quiebra bajo el enorme peso de su cuerpo.

59

GRUPO *hace coro angelical con campanitas.*

DIOS (*arriba de su silla*): ¿Qué pasó, Cornelio? ¿Ya llegaste-s? Pásale a lo barrido. Por allá andan el Pedro, el Javier, la Lola. Allá andan la Jenny, Juan Gabriel y José Alfredo. Te están esperando para comenzar la fiesta. Ay, muchacho, ¿pa qué te moristes? Yo tenía una canción buenísima para ti. ¡Ya ni modo!

60

NARRADOR 1: El gran Señor Velasco viste un impecable traje blanco. Su rostro refleja perfectamente la seriedad que ensayó momentos antes frente al espejo. El público lo espera, impaciente. Lo observan millones de ojos. Su discurso es muy elocuente:

SEÑOR VELASCO: Profunda tristeza, ídolo de México, excelente artista, fina persona, padre ejemplar, modelo único.

NARRADOR 1: Minuto de silencio.

NARRADOR 3: La vida es corta.

NARRADOR 1: El amor.

NARRADOR 4: El tiempo.

NARRADOR 3: La justicia.

NARRADOR 1: Las instituciones.

NARRADOR 3: El país.

NARRADOR 4: La democracia.

NARRADOR 3: Nuestro entorno sociopolítico.

NARRADOR 1: Las próximas elecciones.

NARRADOR 4: La continuidad en la lucha contra el crimen organizado.

NARRADOR 3: Un minuto de silencio.

SEÑOR VELASCO (*llorando*): No, no... un aplauso.

    El GRUPO *aplaude.*

NARRADOR 1: Solo entonces el gran Señor Velasco muestra su famosa serie de dientes blancos.

SEÑOR VELASCO: Y la vida puede continuar. (*Hace con los dedos la famosa señal de "aún hay más".*)

61

NARRADOR 4: Lo que estaban haciendo cuando se enteraron. Susana.

SUSANA: Lavando platos.

NARRADOR 4: Javier Solís.

DIOS: Mueeeeertoooooo.

NARRADOR 4: Carmela Rafael.

CARMELA RAFAEL: Afeitándome la axilas.

NARRADOR 4: Pedro Infante.

DIOS: Mueeeeertoooooo.

NARRADOR 4: Yéssica Guadalupe.

YÉSSICA GUADALUPE: Pensando en comprarme un carro nuevo.

NARRADOR 4: Jorge Negrete.

DIOS: Mueeeeertoooooo.

NARRADOR 4: Ramón.

RAMÓN (*erotizado*): Abrazando a Marilú.

NARRADOR 4: José Alfredo.

DIOS: Mueeeeertoooooo.

NARRADOR 4: Dios.

DIOS: Aquí alargando los diptongos para ver si los asusto.

62

Entra cortinilla con los primeros acordes de acordeón de "Despedida", interpretada por Cornelio Reyna.

NARRADOR 1: Ramón se entera durante la gira por Sudamérica.

NARRADOR 2: Deja a Marilú y toma el teléfono. Susanita le dice:

SUSANA: Me gustaría estar contigo. Sé que lo vas a extrañar. Estás trabajando demasiado. Ay, te quiero mucho. Mua mua mua... Regresa pronto.

NARRADOR 4: La vida es corta.

NARRADOR 1: El amor.

NARRADOR 3: El tiempo.

NARRADOR 2: La injusticia.

NARRADOR 1: Ramón cuelga el teléfono con la certeza de que ya no volverá a salir el sol en sus días.

NARRADOR 2: De aquí en adelante, solo nubes para él.

NARRADOR 1: Nubes y neblina.

NARRADOR 2: Nubes, neblina y lluvia.

NARRADOR 3: Nubes, neblina, lluvia y relámpagos.

NARRADOR 4: Quiere cancelar el concierto de ese día. Los muchachos de la banda le dicen que no, que al contrario.

UNO DE LOS MUCHACHOS: Le debemos dedicar esta noche.

OTRO DE LOS MUCHACHOS: Es lo mejor que podemos hacer por él.

NARRADOR 4: Pero Ramón quiere estar a solas con Marilú.

RAMÓN: En momentos como este podría escribir una canción melancólica que haría llorar a muchas personas. Las notas aparecen y desaparecen en mi cerebro como el anuncio de una marquesina. Junto a la melodía se integran algunas palabras que hablan de amistad y traición. Es un corrido.

En su única participación, la acordeón MARILÚ *posee una voz muy sensual.*

MARILÚ: ¿Por qué no lo escribes?...

NARRADOR 4: ...pregunta Marilú.

NARRADOR 2: Ramón mira con detenimiento el reflejo de los rayos del sol en el cuerpo de Marilú.

RAMÓN (*cachondo*): Qué bonito brillas. Eres linda, Eres pelirroja, tienes bonito cuerpo.

NARRADOR 1: Está sentada en un sillón, parece comprender su desdicha.

RAMÓN (*frustrado*): No puedo, no puedo.

NARRADOR 1: Las estrofas del corrido lentamente van desapareciendo.

NARRADOR 2: En momentos como este, Marilú sabe que solo hay una manera de contentar a un hombre. Se arrodilla junto a él...

NARRADOR 3: ...y le baja la bragueta.

63

PERIODISTA ARGENTINO: Ramón graba "Recordando a Cornelio", que incluye varios temas de los Relámpagos de Agosto, ¡bárbaro!

PERIODISTA CHINA: Es un éxito de ventas en Estados Unidos.

PERIODISTA FRANCÉS: El disco llega a doble platino.

PERIODISTA CUBANA: Gloria Estefan le entrega un Grammy.

64

RAMÓN y CORNELIO de pie, con lentes oscuros y sombreros, corren al unísono en cámara lenta.

NARRADOR 2: Ramón y Cornelio corren por la playa. Lentes oscuros. Diminutos trajes de baño. Sonrisas. Sus cuerpos brillosos, cubiertos de bronceador. Corren a paso lento, sin prisa.

NARRADOR 1: Detrás de ellos, unos guardaespaldas tratan de alcanzarlos.

NARRADOR 4: A lo largo de la playa, los turistas se bañan, disfrutan el sol, beben daikiris, construyen castillos de arena.

NARRADOR 3: Ramón y Cornelio. Cornelio y Ramón.

NARRADOR 2: Ellos ignoran a su público, extasiados por el ritmo de su propia respiración.

RAMÓN: Hora de descansar ar ar ar...

> RAMÓN *se sienta.*

NARRADOR 4: ...dice Ramón a su compañero.

CORNELIO: ¿Cómo crees es es es?

NARRADOR 4: Su sonrisa es la mejor sonrisa que ha visto.

NARRADOR 1 (*poniéndose de pie*): Cornelio sigue corriendo. Se adelanta.

> CORNELIO *da media vuelta y se aleja corriendo*
> *en cámara lenta hasta ocupar su lugar al fondo*
> *del escenario.*

NARRADOR 2 (*poniéndose de pie*): Ramón intenta seguirlo, pero está muy cansado.

> RAMÓN *se levanta voltea hacia* CORNELIO.

NARRADOR 3 (*poniéndose de pie*): Su corazón latiendo fuerte como cuando eran niños...

NARRADOR 4 (*poniéndose de pie*): ...y jugaban en el jardín de su casa. Lo ve alejarse.

NARRADOR 1 (*se quita el sombrero*): Lo ve convertirse en un punto lejano.

> *Los actores se retiran uno a uno hacia el fondo del escenario, dando la espalda al público, ocupando los mismos lugares que tenían en la primera escena.*

NARRADOR 2 (*se quita el sombrero*): Luego simplemente en un punto.

NARRADOR 1: Lejano.

NARRADOR 2: Luego simplemente en una distancia.

NARRADOR 2 se retira.

NARRADOR 1: Lejana...

NARRADOR 2: ...distancia.

NARRADOR 3: En una distancia indescriptible, en una playa...

NARRADOR 3 se retira.

NARRADOR 1: ...lejana...

NARRADOR 2: ...distancia.

NARRADOR 4: En una playa desierta...

NARRADOR 4 se retira.

NARRADOR 4: ...desierta.

Entra "Idos de la mente", interpretada por los Relámpagos del Norte. RAMÓN, ahora solo y sin lentes, se dirige al público mientras alza su sombrero y se despide.

RAMÓN: Adiós, Cornelio. ¡Luego te alcanzo!

RAMÓN se retira.

Oscuro.

F I N

"Ramón y Cornelio descubrieron desde entonces que tenían ese extraño poder sobre la gente". Sergio Limón como Ramón y Carlos Puentes como Cornelio. Fotos tomadas del documental.

"Los Relámpagos de Agosto me parece un nombre bastante original".

Manuel Villaseñor como el Reportero.

"Y más que colocarse el sombrero en la cabeza, para Ramón fue un acto de coronación".

Fotos de esta página tomadas del documental.

"Deseo ser reina de las fiestas patrias en mi natal Puerto Peñasco
y después, ¿por qué no?, llegar a ser la mujer más bella de mi estado".
Laura Durán como Yéssica Guadalupe.

"Debes escribir una can-
ción. Si decides no escribir
esa canción: te mueres.
Vas a recibir mucho dinero
por esa canción. Si no
aceptas el dinero:
te mueres".

Hebert Axel González como
el Narcotraficante.

"Tienes que hacer un esfuerzo, meterle filin. ¿Has oído hablar de Stanislavsky?" Carlos Corro como el Director. Foto tomada del docuemental.

"José Alfredo está muy ocupado, refunfuñando porque unos arreglos no salieron como él quería. Regaña a un violinista".

Manuel Villaseñor como José Alfredo.

"Ramón platica con una botella de tequila. ¡Y la botella responde!".
Isabel Rolón como la Botella.

"Su música es como una multitud de pájaros que deciden
pararse frente a mi casa en unos cables de luz".
Laura Durán como Susana, Sergio Limón como Ramón.

"Corren por la playa. Lentes oscuros. Diminutos trajes de baño".

"Adiós, Cornelio. Luego te alcanzo".
Fotos tomadas del documental.

II
EN SUS PROPIAS PALABRAS

Hebert vivió un tiempo en la Ciudad de México,
donde realizó una maestría en dirección.
Foto: Carlos Corro (1989).

UN ESTILO DE VIDA
Entrevista a Hebert Axel González

Realizada en 2010 con el apoyo de la Universidad Iberoameri-
cana Tijuana, la presente entrevista forma parte de un proyecto
de las actrices Irma Merino, Hilda Sánchez, Isabel Rolón y el vi-
deasta Héctor Villanueva, para rescatar la historia del teatro en
Tijuana a través de la realización de un documental.

¿Qué te hizo dedicarte al teatro?

Una decisión... En mi caso fue una decisión muy consciente... y esa decisión viene de la necesidad de expresarme, de ver
el mundo y querer hablar de él. Así de sencillo.

¿Cuáles fueron tus inicios?

Empecé muy chavito. La primera vez que yo hice teatro fue
en este foro precisamente (el de la Casa de la Cultura de Tijuana). Tenía cuatro años y, pues, nunca más dejé de estar en el
escenario. En la adolescencia mi gusto por el teatro se vuelve
más recalcitrante, así lo puedo llamar y una adicción. Viene ya
en la tardía adolescencia, por ahí de los quince años.

¿Con quiénes participabas?

Cuando comencé en la secundaria luché contra viento
y marea porque no había clases de teatro en mi secundaria.
Queríamos contratar a un maestro, fui a hablar con el director, juntar firmas... un relajo. Al final de cuentas yo acabé for-
mando el grupo. Comencé a hacer teatro ya más seriecito, por
decirlo de alguna manera, en la prepa Lázaro Cárdenas con
Jaime Moreno y Magdalena Huerta. Después salgo de la prepa

y comienzo a hacer teatro en un taller que se llamaba Talleres de Teatro Sor Juana Inés de la Cruz, que dirigían Jorge Andrés Fernández y Rogelio Mitra. Conocí a un montón de gente. Después estudié ya más en forma con maestros que vinieron en los ochentas. Por ahí así vino el *boom* del teatro en Tijuana. Me refiero al *boom* real, porque dicen que fue en los noventa; pero no, fue en los ochenta. Estudié con Eduardo López Rojas, con Julieta Egurrola, con el maestro Jacobo D, con Atahualpa del Cioppo. En 1987 me fui México, donde hice una maestría en dirección con Ludwig Margules... con él hice mi especialidad y estuve trabajando. Fue un maestro muy importante en mi concepción del teatro y la manera de manejarlo. Otro fue el maestro Adám Guevara.

¿Qué escuelas había?

En Tijuana no había escuelas de teatro; es decir, el taller de la prepa no era una escuela de teatro. En ese tiempo FONAPAS (Fomento Nacional para las Actividades Sociales y la Cultura) hizo una labor muy padre. Mandaba maestros de la Ciudad de México a distintos lados, en este caso a Baja California, y tuvimos la suerte de conocerlos y estudiar con ellos. En México llevé mis estudios de dirección en el Núcleo de Estudios Teatrales, el famoso NET, extinto ahora; pero fue muy famoso porque era una escuela que abrieron los directores más reconocidos de la época. Abrieron su escuela porque estaban hartos de las instituciones y tuve la fortuna de estar en ese momento de la historia del teatro en México, que fue muy importante porque hubo muchos actores que por ahí andan haciendo cosas importantes. Muchos directores somos ex alumnos del NET.

¿Existía algún apoyo para el teatro?

Había muy poco para producir. Tal vez un poco mejor que ahora. El problema ha sido y sigue siendo la difusión. Es decir... no, no es cierto, creo que me estoy quedando corto: uno de los problemas medulares es la difusión. Otro es el apoyo para realizar la producción, no nada más la lana para la producción sino para hacer la realización, desde ensayos, lugares de ensayo. Sobre todo, más que nada, de actitud, de voluntad. Desafortunadamente la gente que toma decisiones de cultura o quien asigna los presupuestos son personas que adolecen de una visión profunda de lo que es el ser humano y lo que representa el arte y en este caso específico, el arte escénico, el teatro. Toman el teatro muy a la ligera. Piensan que hacer buen teatro, hacer teatro profesional, es darle el libreto a gente que viene de escuela abierta y órale, entra. Desafortunadamente, esto aplica a los tres niveles de gobierno. La UABC cuenta ahora con una escuela de teatro, está empezando, esperemos que esto vaya por buen camino, que tomen un buen rumbo para que crezca. En mi opinión, el problema es de concepción y no nada más para teatro, igual es con la pintura, igual es con la danza. No entienden el papel que juega el ser humano en este universo, en esta vida, la misión que tiene cada ser humano como persona y como colectivo. Las autoridades toman decisiones que no favorecen en nada a las manifestaciones de la sensibilidad.

¿Cómo era la cultura del teatro en esa época?
¿A qué te refiieres con "cultura de teatro"?
Me refiero al interés de las personas por ir al teatro

Era más o menos igual que ahora. Desafortunadamente, Tijuana no es una ciudad donde la gente sea asidua de asistir a las puestas en escena, generalmente vemos a las mismas personas, que me parece una proporción mínima de acuerdo a la población en general. Es algo que me quedó muy claro cuando regresé de México en 1991, después de vivir casi cinco años ahí. Me quedó muy claro que, como ser social que pertenece a un tejido, mi labor como teatrero era ir picando piedra, es decir, ir creando una tradición teatral, fomentárla, fortalecerla. Estar picando piedra para que la gente vaya al teatro, para que la gente se identifique con lo que hacemos. Yo tengo una máxima: el teatro tiene que ser divertido para empezar y de ahí hacerlo crecer; pero, sobre todo, demostrarle a la gente que el teatro no es aburrido, que puede ser muy divertido, muy inteligente, artístico y muy accesible para todos.

¿Qué otros grupos había entonces?

Pues mira, si estamos hablando de por ahí de los ochentas, que es cuando más claro lo tengo, estaban Actores Unidos, Enrique Nolasco, el grupo Titac que dirigía Paco Morán, Emilio Fierro, los Desarraigados también. En esa época también empezó Nacho Flores de la Lama, Jorge Andrés Fernández estaba en la universidad y nosotros con Theatrón.

Honestamente, viéndolo en retrospectiva y en perspectiva, creo que el trabajo que hicimos en Theatrón tuvo su trascendencia en el desarrollo del teatro en Tijuana y Baja California. Éramos gente muy joven, estábamos pujando muy duro. Al principio nos veían como unos chavitos que estábamos jugando; pero demostramos que teníamos muchas cosas qué decir y teníamos una propuesta estética muy definida.

¿Qué obras presentaron?

Presentamos *Variaciones de un amor desolado*, de Álvaro López de Alba. *Quince minutos de relleno*, que fue una creación colectiva. *Octubre terminó hace mucho tiempo*, de Pilar Campesino. *Las manos de dios*, de Carlos Solórzano. *Noche con tres lunas*, un espectáculo mío con textos de Julio Cortázar, Mariana Alcoforado, Ignacio Betancourt y Federico García Lorca. *Siete pecados en la capital*, de Otto Minera.

Con Theatrón salen de Tijuana y ¿van a otras ciudades?

Sí, claro. Fuimos a la hermana república de San Luis Río Colorado (*risas*). Es una historia muy chistosa porque acabábamos de nacer y éramos muy jóvenes, y nos hicieron una invitación a nuestra primer gira como Theatrón. ¿A dónde? A la hermana república de San Luis Río Colorado. Luego fuimos a Xalapa con *Las manos de Dios*, como representantes del estado. Eso fue muy importante para Theatrón. Participamos en la Séptima Muestra Nacional de Teatro en Xalapa, Veracruz, que por cierto es histórica porque estábamos nosotros... no, no es cierto (*risas*). Es histórica porque fue la última gran muestra de teatro, donde se convocó a más de dos mil personas. Ahora las muestras son mucho más chiquitas, la gente llega, expone y se va. Allá era obligatorio que llegaras un día antes de que comenzara y no te ibas hasta un día después del final de la muestra. Uno iba a presentarse pero también a aprender mucho. Desgraciadamente las autoridades, los presupuestos, las crisis y demás, hicieron que las muestras se acortaran.

¿Qué se necesita para hacer teatro?

Primero muuuucho amor, mucha vocación. Para hacer buen teatro, quisiera aclarar. Muchas ganas, una efervescente disciplina, una férrea perseverancia y una fuerte consciencia de lo que es hacer teatro y lo que significa. Más que nada esto: disciplina, perseverancia, mucho amor a lo que se hace y conciencia. El talento es importante, pero ya lo dijo Stanislavski "un actor...", yo lo extiendo a los teatreros en general, "... es diez por ciento de inspiración y noventa por ciento de transpiración", es decir, es trabajo, mucho trabajo, mucho estudio.

¿Cómo ha cambiado el quehacer teatral?

Creo que en los ochentas estábamos más protegidos. Parecía que el ser humano era más importante para el gobierno, había una conciencia, aunque fuera de dientes para fuera, aunque fuera electorera; pero, vaya, se reflejaba también en las decisiones, ahora no. Ahora incluso la cultura es perseguida o es ignorada. En el mejor de los casos es ignorada, digo... ¿en el mejor? No sé si sea el mejor porque tenemos lamentables consecuencias.

Para terminar ¿qué te aporta el teatro?

Todo. Me aporta mucho conocimiento, mucha satisfacción, muchos amigos, dolores de cabeza, enojos... pero esos los hago yo ¿eh?, no el teatro (*risas*). Sí, me hago responsable de mis cosas. Te dije al principio de la entrevista que cuando yo decidí hacer teatro era muy conciente de que era un estilo de vida, pues reitero mi decisión porque el teatro me da todo: me da mi *modus vivendi*, me da mis amigos, mis satisfacciones, mi manera de hablar, mi forma de ver el mundo.

Bueno, ya para cerrar, algo que te gustaría decir que sea importante...

¿Que sea importante? Pues nada. Solo que me gusta mucho hacer teatro y que espero que mucha gente comparta este gusto, y que... crezcamos, siempre. Eso.

LA COMPAÑÍA DEL SÓTANO
Diez años haciendo teatro

Ava Ordorica
Tijuana Metro,
Septiembre 2001

¿Cómo y cuándo surge la Compañía del Sótano?

La Compañía del Sótano surge en 1993, septiembre 11, en el marco de las celebraciones del Día Internacional del Teatro, con el espectáculo *Siempre dije que no.* Y nace por la necesidad de presentar al público esa puesta en escena, porque habíamos sido censurados, corridos, o se nos había prohibido presentar nuestro montaje en cualquier espacio del municipio, por la jefa del Departamento de Cultura Municipal en turno, Marisa Sánchez, y además también nos prohibió usar el nombre o cualquier referencia del ayuntamiento. Y pues, después de un año de trabajo con los muchachos que formaban parte del Taller de Teatro Popular de la Casa de la Cultura para llegar a la puesta en escena, no íbamos a quedarnos enlatados, menos aún sin nombre.

¿Los integrantes que iniciaron el proyecto continúan en él o ha habido cambios?

Los cambios han sido muchos. Son diez años de trabajo. La historia y la realidad son dialécticas. Si nos hubiéramos empeñado en que todo fuese igual, ya no existiríamos. Los que iniciaron el proyecto ahora, en su mayoría, forman parte de otros grupos, se fueron a seguir estudiando a otras escuelas, formaron otras compañías, andan trabajando como actores en otras ciudades. Sin embargo el lazo aún continúa fuerte y vigente. Muchos, muchísimos actores que se iniciaron en la Compañía del Sótano han vuelto a trabajar con nosotros, y por su dicho

135

sé que lo volverán a hacer a la menor oportunidad. Habría que destacar que de los integrantes originales, Carlos Corro continúa militando (por decirlo de alguna manera) con el grupo. Creo que es prudente destacar que el grueso de las filas de La Compañía se han alimentado de los egresados del Taller de Actuación de la Casa de la Cultura, y como todo egresado debe volar a continuar su desarrollo. Pero como decía, las aves que emigran, buscan siempre su origen. También quiero recalcar que hemos tenido actores, directores, maestros de las distintas disciplinas auxiliares del teatro, coreógrafos, escenógrafos, músicos, invitados, cuya presencia ha crecido y enriquecido el trabajo del grupo. Gracias a todos.

¿Cómo logran la exclusividad en este espacio (el Foro del Sótano) en el que ahora se desarrollan?

La exclusividad del espacio... ojalá la tuviéramos para poder administrar el Foro del Sótano Enrique Nolasco, como se debe, pero sabemos que es imposible porque pertenece a las instalaciones del IMAC. Afortunadamente, en estos años hemos recibido a diversos grupos: Ricardo Peralta Danza Performa, Mujeres en Ritual, Mima-dos, el grupo de Claudia Villa, el grupo vocal Santa Lucía, a Carlos Niebla con su monólogo, a César Domínguez con *El Educastrador*, al espectáculo *Poética, etc.* varios, varios más. Incluso, a algunos compañeros teatristas que le hemos ofrecido el espacio para que presenten sus espectáculos, nos han rechazado la invitación porque dicen que es un espacio muy feo, por encerrado y pequeño. Tal vez lo que sucede es que parece que tenemos la exclusividad, porque siempre estamos en temporada, una tras otra, a veces, ha habido ocasiones, que hasta dos o más de manera simultánea. Hemos tenido la fortuna de trabajar constantemente. Además, como el foro no cuenta con auxilio de técnicos ni tramoyistas, resulta prácticamente imposible montar y desmontar escenografías y plantas de iluminación de un día para otro. Creo que esta idea de que tenemos la exclusividad del Foro del Sótano, se debe también, es prudente señalarlo, a que las gradas, tarima de suelo, telones, cortinas, andamios, la división y distribución del pequeño espacio, sistemas de iluminación y sonido, y el mantenimiento de todos ellos, ha sido producto del esfuerzo directo de La Compañía del Sótano, y del dinero que ha recabado con sus presentaciones, y de la gestión que ha realizado para conseguir donativos para acondicionar unos baños en un espacio escénico digno, en nuestro afán de ofrecer al espectador, en las mejores condiciones que podamos, espectáculos bien montados.

¿Ha sido difícil para la Compañía del Sótano sobrevivir con un público poco asiduo al teatro?

A veces sí ha sido difícil mantenernos en una ciudad tan poco asidua al teatro. Sobre todo para los muchachos. El sueño de todo actor es tener salas abarrotadas; más aún el de los actores que comienzan su carrera. Pero esa es la misión de La Compañía: ofrecer al espectador de Tijuana la opción segura y constante de ir a ver teatro, buen teatro a precios accesibles. Tan accesible y cotidiano como ir al cine. Queremos gestar nuevo público para el teatro. Necesitamos hacerlo. En las grandes y rancias capitales la asistencia del público hace las temporadas, las alarga, las sostiene; pero en nuestra ciudad este imperativo del teatro se revierte: tenemos que crear, alargar, sostener al público con temporadas, es decir, con constancia en la oferta.

¿Qué papel han jugado los apoyos de las instituciones culturales y la iniciativa privada?

Las instituciones públicas nos han ayudado a crecer, hasta en las veces que han intentado coartarnos (ya hablamos de un caso, aunque nos faltaría mencionar otros). En primer lugar citaría a la Casa de la Cultura de Tijuana y al IMAC, que nos han cobijado, apoyado, impulsado y difundido en la medida de sus posibilidades. Gracias. Es imposible dejar de mencionar al FONCA, al FOECA, a PACMyC, cuyas becas han sido relevantes en nuestra historia. Respecto a la iniciativa privada, ha sido vital para nosotros, pues desde hace varias puestas en escena, ha patrocinado nuestras producciones. De las doce que llevamos, seis las ha costeado la IP. Gracias a Joaquín Castro, quien ha sido un gestor y mecenas.

¿Cuál ha sido el mayor logro de La Compañía del Sótano en esta primera década?

Creo que el mayor logro de La Compañía del Sótano ha sido mantenerse con vida, pero sobre todo con vida muy productiva. Sin embargo, aparejados van otros. Por ejemplo, el ser semillero de teatristas. Si hablamos de la última generación, la compañía ha brindado a la familia de teatristas tijuanenses un importante número, además que son los más constantes, más comprometidos, y de los más destacados. Otro logro importante es dar trabajo constante a muchos actores, o sea, que podemos hablar en este renglón, que hemos caminado firmemente en la profesionalización de los teatristas de Tijuana. Creo que La Compañía va haciendo escuela. También creo que debo mencionar que somos el único grupo independiente en el estado, que valiéndose de sus propios medios, sin subsidios, ofrece desde hace diez años sin interrupciones, cuando menos una vez a la semana, la posibilidad al público de ver buen teatro, en fin, que también hemos avanzado en nuestro objetivo de fomentar el gusto por el arte dramático, de impulsar la tradición teatral en Tijuana y de crear nuevos públicos. Para nosotros es importante.

¿Cuáles son sus planes a corto, mediano y largo plazo para La Compañía del Sótano?

A corto plazo, estamos pedaleando fuerte para terminar la temporada de *Rebelión*, si el público lo permite, será en enero. Estamos retomando, por sexta ocasión, *La Campesinela*, pastorela de la frontera, con la cual festejaremos con el público de Tijuana nuestros diez años de existencia. A mediano plazo, la promoción y difusión en el ámbito nacional del trabajo de La

Compañía, ya estamos listos. A mediano y largo plazo, nuestra total independencia, o mejor dicho, nuestro propio espacio. También a mediano y largo plazo, estamos en formación, junto con los grupos Pasillos y Paso, Ojo y La Madeja, de la primera cartelera de teatro en Tijuana, que tanta falta hace y en los tres plazos, el perfeccionamiento actoral.

Hebert en el Foro del Sótano de la Casa de la Cultura de Tijuana,
durante un ensayo de *La rosa de oro* (1998).

LA COMPAÑÍA DEL SÓTANO
Veinte años haciendo teatro

Semanario *Zeta*
Sábado 14 de diciembre de 2013

La Campesinela fue la tradicional puesta en escena con la que La Compañía del Sótano festejó su 20 Aniversario, bajo la dirección del maestro Hebert Axel, justo el 12 de diciembre de 2013 en la Sala de Espectáculos del Centro Cultural Tijuana (CECUT). A propósito del vigésimo aniversario de la Compañía del Sótano, Hebert Axel reflexionó a través de *Zeta*: "Estos años han sido surtiditos, hemos tenido de todo. Afortunadamente hemos sobrevivido y seguiremos trabajando. A mí me llena mucho de satisfacción como director de la compañía cumplir 20 años, somos de los ensambles con más trayectoria en este estado", expresó el director de teatro. También evocó que "hemos sido perseguidos varias veces, hemos sido censurados, hemos sido apoyados también, y eso nos ha enriquecido mucho, hemos aprendido a acercarnos a la comunidad, a buscar proyectos donde podemos estar hablando realmente de lo que nos interesa: el ser humano, sus conflictos, y muy especial en este región". Luego de dos décadas, el director reflexiona sobre la etapa en que se encuentra La Compañía del Sótano. "En una etapa de reconstrucción. A partir de que fuimos expulsados tan arbitrariamente de la Casa de la Cultura, donde teníamos nuestra sede, estuvimos diecisiete años trabajando, y según comentarios de quien nos saca de Casa de Cultura, era que la vocación de la Casa de la Cultura es tener espacios cerrados, que había que respetar la vocación de cada espacio, y el sótano está cerrado desde hace tres años. Ha servido como bodega, como mil cosas, pero esa es la vocación según esta licenciada, Carmen García Montaño, dijo que había sacado a La Compañía del Sótano porque había que obedecer a la vocación de los espacios, y ese espacio ha estado cerrado", lamentó. "A partir de esto, pues sí sufrimos un duro golpe porque no tenemos dónde ensayar, tenemos que estar buscando diferentes espacios, esto ha mermado un poco nuestra producción, y estamos en etapa de reconstrucción, buscando casa para cualquier institución que nos quiera adoptar", concluyó Axel.

III
ENTREVISTAS

Mayra Sánchez durante su entrevista en la Casa de la Cultura de Tijuana (2021). Foto tomada del documental.

EN MI MEMORIA Y MI CORAZÓN
Entrevista con Mayra Sánchez

Como prima de Hebert, conviviste mucho con él. ¿Recuerdas sus inicios sobre los escenarios?

Yo creo que Hebert no nació en un escenario porque no pudo. Desde que me acuerdo, lo vi bailando, muy pequeñito. Tuvimos oportunidad de estar juntos un poquito en la primaria y él estaba siempre declamando, siempre bailando. Cuando estuvo en la secundaria, igualmente siempre participando en los concursos de poesía, de oratoria. Siempre tuvo esa franca inclinación, ese gusto y ese placer de disfrutar lo que hacía y que le gustaba muchísimo sobre todo. Lo traía en la sangre, con ese talento se nace.

¿Y qué recuerdos tienes de esa época?

Recuerdos preciosos. Él es parte de mi vida, fuimos compañeros de juegos cuando niños, fuimos adolescentes que crecimos juntos. Después yo me casé, él se quedó en Tijuana con lo suyo, haciendo lo que le gustaba y, finalmente, coincidimos en Ciudad de México cuando él estuvo allá. Tuve la oportunidad de verlo actuar en el Polyforum, en la obra *Fauna rock* (1988). Llevé a mi hija mayor. Ella estaba encantada porque su tío era el estelar, lo disfrutó muchísimo, yo me sentía orgullosísima.

De niños estábamos siempre juntos, siempre haciendo travesuras juntos, siempre ideando algo. Él tenía unas ideas geniales desde muy chico para hacer travesuras. Desde muy chicos nos gustaba mucho bailar a los dos.

145

¿Eran traviesos?

Hacíamos muchísimas travesuras. Cuando vivíamos en la colonia Cacho nos dejaban salir con patines, entonces andábamos por toda la colonia a todo lo que daba y atravesábamos el boulevard Agua Caliente. Era una vida tranquila para nuestros papás y para nosotros extremadamente placentera. Él tenía un juego para hacer agüitas frescas, entonces poníamos afuera de la casa nuestro puestito y vendíamos agüitas frescas. Éramos niños creativos.

Después nos mudamos a Lomas Hipódromo. En esa época yo tenía nueve años, Hebert tenía siete; mi hermana tenía cinco, mi hermanito tenía dos años. ¡Éramos terribles! Apenas se estaba fraccionando esa zona y hacíamos cosas increíbles. Pasaba un camión vendiendo pollitos vivos, siempre queríamos uno y nuestros papás jamás nos los compraban. Finalmente un día dijeron "aquí está su pollito", pero desafortunadamente se enfermaron y murieron. Hicimos todo un ritual para el entierro y una vez que terminó fuimos inmediatamente, por la brillante idea de Hebert, a sacar al pollito para abrirlo y descubrir cómo era por dentro. Hebert tenía esa curiosidad por todo, quería saber todo. En todos los niños la hay; pero yo creo que, en particular, él tenía una curiosidad interminable. Quería incursionar en todo, quería experimentar en todo, quería saber cómo funcionaba todo, desde niño fue así.

¿Y sus adolescencias?

La adolescencia fue un poquito infantil. Lo que pasa es que éramos muy juguetones. Nos llegó la época Disco y nosotros amábamos bailar. Hebert fue mi mejor pareja de baile a lo largo de mi vida. Participábamos en los concursos de disco; la primera vez que concursamos fue con *MacArthur Park* de Donna Summer; era una canción que duraba diecisiete minutos. Obviamente la coreografía la ponía Hebert. Ganamos el primer lugar y mantuvimos la atención del público durante los diecisiete minutos. Desde entonces, mi hermana Alicia le empezó a llamar "Mac".

Eran como hermanos.

Prácticamente crecimos como hermanos. Para mí era mi hermano, mi cómplice, mi amigo, mi consejero, todo. Hebert fue una persona completa para mí... y sigue siéndolo, sigue siéndolo porque ahí está. Está vivo, está conmigo, está en mi memoria y está en mi corazón.

Vamos a hablar de los recuerdos de esa época, después de los concursos de disco, del Tijuana Tilly's, ¿qué me puedes decir de eso?

Eran reuniones lindísimas de un grupo de amigos y amigas. En aquel entonces Tijuana era pequeña, entonces todos nos conocíamos. Tal vez no éramos amigos pero todos nos conocíamos y Hebert en particular era sumamente sociable, conocido por todos. Todos querían que estuviera con ellos en las mesas.

¿Qué era lo que te atraía de su personalidad?

Yo creo que todo: su risa, esa luz que a todos nos iluminaba. Era una persona positiva que podía sacar de ti lo mejor, definitivamente tenía esa virtud: sacaba lo mejor de todos.

¿Tenía alma de niño?

Claro. Era un niño en el sentido del positivismo, del optimismo, del jugueteo porque a él le gustaba jugar. A pesar de ser ya un adulto, le gustaba jugar, le gustaba reír, le gustaba que participáramos todos de eso. Cuando nos veíamos, retomábamos las edades de cuando teníamos nueve y siete años. Nos convertíamos en esos niños nuevamente, él lograba que yo regresara a esa época y revivíamos esos momentos.

¿Cómo ves a ese Hebert que era muy devoto a su familia, a su mamá, a su sobrino Leo?

Lo veo como un hijo ejemplar que estuvo al pendiente de sus padres, de sus hermanos, de todo mundo en cuanto a la familia. Él siempre tuvo una preferencia por Leo, no digo que lo haya querido más que a los demás, pero sí había una preferencia. Con respecto a mi tía, Hebert era su bebé, yo creo que fue más cercana la relación después de que falleció su hermana Ludi. Hebert era el consentido de mi tío, de mi tía, de sus hermanos, de todos.

Una última reflexión sobre Hebert.

No sería la última, creo que todavía tengo muchas cosas que reflexionar sobre él. A todos nos enseñó algo y siempre algo positivo, siempre algo bueno. ¿Qué nos enseñó? La alegría de vivir, la alegría de ver el tono blanco de una noche oscura, de voltear a ver la luna cuando a lo mejor tú no ves nada porque estás en la oscuridad. Nos enseñó a reírnos cuando teníamos los ojos a punto de botar lágrimas. Siempre sacó lo mejor de cualquier persona que haya estado cerca de él y esa persona tuvo que darse cuenta de que estar con él era un deleite. Pero como te mencionaba, hacer una reflexión sobre Hebert toca fibras muy sensibles, todavía muy sensibles. Yo vivo de pensamientos positivos, tengo que vivir así. Ya no puedo enfocarme en el llanto, en el dolor, ya no tengo tiempo. Tengo que ver lo mejor que hay en mi vida y lo mejor que hay en mi vida es mi familia y entre mi familia Hebert está presente como una de las figuras principales.

MAYRA HORTENCIA SÁNCHEZ SÁNCHEZ pertenece a una familia con gran gusto y pasión por el arte. Es prima hermana de Hebert Axel, crecieron juntos y siempre estuvieron el uno para el otro, apoyándose, respetándose y alimentando ese gran cariño que se tenían.

Un vacío fértil
Entrevista con Manuel Villaseñor

¿Quién era Hebert Axel?

Era mi mejor amigo. Con quien me juntaba cuando tenía un problema, cuando tenía una alegría, con quien compartía la complicidad de muchas cosas de teatro. Yo no fui el mejor amigo de Hebert porque él tenía muchos mejores amigos; compartimentalizaba su vida: los amigos de la prepa, los amigos de la universidad, los amigos del teatro pero definitivamente él en mi vida era mi mejor amigo. Además, es el director con quien más he trabajado. Me dirigió a lo largo de casi toda mi carrera, muchísimas veces.

Cuando lo conociste tú estabas en la prepa, hablamos de 1979, 1980 ¿Qué te interesaba del taller de teatro en ese tiempo?

Yo entré al taller de teatro porque era muy tímido y quería dejar de serlo. Ya en la secundaria había estado en un grupo de poesía coral y había mejorado, entonces entré con esta noción de que ahí se me iban a quitar las vergüenzas y ahí conocí a Hebert. Él y Yolanda Reyes, quien entonces era su novia o andaban quedando, fueron muy amables y me presentaron a los demás. Ellos estaban en el último año de la prepa y yo estaba en el primero.

Hebert fue muy fiel al taller de teatro de la Prepa Federal Lázaro Cárdenas. Colaboraba constantemente con los profesores Mario Moreno y Magdalena Huerta. Incluso cuando ya había egresado de la prepa, regresaba a trabajar como actor o como juez en los concursos de teatro.

Era un joven idealista de izquierda que quería hacer el bien. Estaba en el grupo de trabajo social, tenía convicciones religiosas importantes. Esto nos habla de esa vocación solidaria de Hebert, de amor al prójimo, de estar para el otro, que regiría su conducta el resto de su vida.

¿Cómo evolucionó su trabajo escénico?

Hay una gran diferencia entre el Hebert que yo conocí en la prepa, que ya tenía talento como director y como actor, y el Hebert que regresó de la Ciudad de México en 1991 después de haber estudiado con Ludwig Margules y con los grandes del teatro mexicano. Me atrevo a decir que le quedábamos chicos los actores de Tijuana con respecto a las ideas que él traía. Y tuvo que llevarnos hacia arriba para alcanzar sus estándares.

También podemos ver una evolución en la forma que se adaptó a sus actores y formó compañías más o menos permanentes, donde los vínculos psicológicos y amistosos estaban muy presentes. Y entonces empezó a hacer un teatro donde había mucha conexión emocional con el actor, congruente con sus ideas de teatro vivencial, que viviéramos las emociones realmente.

¿Qué puedes decir de su forma de dirigir?

Se metía, se metía en tu corazón. Se metía en tu cabeza y se metía en la manera en que te movías, en la que hablabas. Dirigía involucrado. Estaba con el actor creando cosas y te daba mucha libertad para crear. Te decía "Propónme. Ya entendiste lo que queremos hacer, trae cosas mañana y propónme". Nos dejaba inventar cosas. Si funcionaba, lo dejaba; de lo contrario, no lo dejaba. También era muy claro en lo que quería. "No inventes cosas, eso es payasada, eso no va con lo que queremos decir".

Como nos conocíamos mucho, me sabía calibrar para extraer de los personajes lo que quería obtener. Mi tendencia como actor es hacer crecer mucho las emociones. Hebert llegaba y me decía "siéntelo en secreto". Quería que descubriéramos qué allá abajo está eso, "es secreto, que no se den cuenta". Hacía estas metáforas que le quedaban al actor porque lo conocía.

Era curioso pero Hebert seguía dirigiendo aún estando conmigo en escena. Estaba a un lado de mí en *Ramón y Cornelio* y me pasaba papelitos con instrucciones: "Vas muy rápido" o "No se oyó tu monólogo" o "Recuerda contar tres segundos entre una y otra cosa". Y ahí están las notas, lo podemos ver en el avioncito que Dios avienta a Cornelio, hay notas que él escribió porque quería que yo las viera, entonces las ponía ahí y yo las tenía que ver.

Nos hacía calentamientos a los actores que tenían que ver con juegos infantiles, un fandango, mover piezas con el objetivo de calentar físicamente y lograr ritmos. Era muy consciente de su lado infantil. Era juguetón y le gustaba disfrutar. Quería divertir al público en una manera muy amplia de entender el concepto "diversión". No era nada más que se rieran, era generar un gozo. El gozo que generaba en la escena con el actor que también lo sintiera espectador.

¿Qué representaba la Casa de la Cultura para Hebert?

Representaba su hogar. Era donde trabajaba, donde enseñaba, donde creaba. Era donde defendía a los otros maestros en su rol sindical. Donde después pudo dirigir, ya como gestor cultural, y donde se frustró mucho al entender que las cosas no cambian tan fácilmente.

Estaba enamorado de la Casa de la Cultura. No solo de lo que se hacía en teatro, que es lo que le competía, sino de lo que se hacía en los otros talleres. Para él era muy importante que la gente tuviera contacto con el arte como formación humana y como aumento de calidad de vida. De repente le parecía que no se estaba haciendo todo lo que se debía hacer y quería contribuir, quería hacer cosas. Si tú haces las cuentas de las obras que presentó en la Casa de la Cultura, encontrarás que son 22 o más, y si sumas las representaciones, te darás cuenta de que superan las 750, entonces es el director teatral que más ha trabajado en la historia de la Casa de la Cultura de Tijuana.

¿Y como maestro?

Así como era muy meticuloso en las cosas que hacía, también lo era en la formación de la gente. Por eso sus programas de entrenamiento eran largos. Un diplomado que se extendía por años y que tenía niveles. Era esta noción de que había que hacer una formación integral, una formación que tocara el alma, no solo la forma sino el fondo.

¿Estuviste cerca de él cuando se enfermó?

Hablamos por teléfono, me dijo "creo que ya me pegó el maldito bicho" o algo así. Me dijo que Luis Humberto le estaba llevando comida y que estaba yendo al médico, que estaba atendido. Pero tenía miedo y me buscaba como amigo y psicólogo para que le ayudara con su miedo

"No sé qué decirte", le dije, "sé que el COVID en la mayoría de la gente es como una gripe muy fuerte y un pequeño grupo de gente la pasa más mal. Solo nos queda desear que seas de la que sale". No sabía exactamente qué decirle. "Mira, te voy a buscar en los centros de salud, te voy a mandar una grabación para trabajo de la ansiedad".

Es lo que hice y fue la última conversación que tuve con él. Después tuve que trabajar conmigo mismo en terapia porque no estaba satisfecho de cómo fue nuestra última conversación: "Vas a estar bien" cuando me estaba diciendo "tengo miedo", pero también tengo claro que no podía hacer otra cosa.

Siempre escuchaba las noticias de que estaba delicado pero estable, yo quería imaginar que eso significaba que era bueno hasta que de repente se hizo un grupo para ayudarlo a conseguir medicamentos, algunas cosas que necesitaba en el Hospital General donde estaba.

Me noqueó, la noticia de su muerte me noqueó. Reaccioné metiéndome en mí mismo unos días, dejé de trabajar unas semanas, cancelé mi trabajo... No estaba en condiciones, no solo por su muerte sino por toda la situación de la pandemia en ese momento. Era relevante que no estuviera viendo tanta gente y... ¿qué te puedo decir...? Lloré y lloré.

Todavía recuerdo el primer ensayo que hicimos de *Ramón y Cornelio*, posterior a su muerte, cuando la íbamos a presentar para su homenaje en el CECUT.

Antes de empezar, contamos muchas anécdotas de él, tratando de que el ensayo se volviera menos fúnebre, que fuera más festivo, pero no lo conseguimos. Cuando la obra llega a la parte donde se anuncia la muerte de Cornelio... yo estaba ensayando y se me estaban saliendo las lágrimas. Estaba relacionando la historia con la vida de Hebert. Eso fue en el primero ensayo. En el segundo ya fue otra cosa. Fue una celebración de su vida, dijimos: "Gracias Hebert por habernos dado todo esto, gracias por habernos permitido estar veinte años haciendo este espectáculo, gracias por haber compartido tu vida con nosotros".

¿Cómo es tu vida sin Hebert?

Su ausencia me deja un poquito huérfano, deshermanado en mi vida emocional. Insisto, Hebert era mi mejor amigo, y se muere tu mejor amigo y no tienes un sustituto. Me siento solo (no estoy solo, *me siento*) y eso se nota cuando hay una bronca o cuando quiero compartir una alegría, es lo que hacíamos, de repente llamarnos para compartirnos algo, llamarnos para quejarnos. Me deja ese hueco, ese vacío. Y espero que sea un vacío fértil que llenemos de cosas que nos hagan seguir creciendo y evolucionando.

MANUEL VILLASEÑOR es un psicólogo clínico y actor tijuanense. Desde 1980 incursiona en las artes escénicas. Es miembro fundador del grupo Theatrón y de la Compañía del Sótano. Fue profesor del Centro de Artes Escénicas del Noroeste e inició la clase de Psicología y Teatro en la Facultad de Medicina y Psicología de la UABC.

Con el elenco de *En altamar* (1997): Claudia Ochoa, Ari Hernández, Carlos Corro y Adrián Vázquez.

UN MAESTRO GENEROSO
Entrevista con Adrián Vázquez

¿Cómo conociste a Hebert?

Lo conocí en 1993, yo andaba buscando algún taller en la Casa de la Cultura, que se adecuara a mi horario de trabajo. Yo no iba buscando teatro ni actuación, iba buscando, sobretodo, idiomas, inglés, italiano, francés, pero al ver los horarios de todos los talleres que impartían, al único que podía asistir, por mi horario de trabajo, era al de teatro. Me dijeron que para inscribirme tenía que hablar con el maestro Hebert Axel y me sonó a que me iba a encontrar con un pelirrojo, gordo, alto, estilo Karl Marx o algo así. Fuí al Foro del Sótano, cuando se abrió la puerta salió Hebert y yo insistía en hablar con el maestro y él me decía: "sí, dime" y yo: "sí, vengo a hablar con Hebert Axel" y él: "dime", y yo: "con Hebert Axel", y él: "yo soy Hebert Axel". Ahí fue donde lo conocí en septiembre del 93 y empecé a tomar clases con él. Desde el primer día de clases me surgió mi romance con la actuación y con el teatro.

¿Qué fue lo que te atrajo de sus enseñanzas?

La visión que tenía de la actuación como un acto heroico. Yo no he dejado de ver el teatro como este lugar al que muy pocas personas se atreven a acceder, que tiene que ver con una noción muy honesta de su humanidad para poder compartirla con el otro, con el de enfrente, con el extraño y hacerlo familia a la vez.

Desde la primera vez que vi a Hebert dando clases a alumnos (esa primera clase yo la tomé como oyente), pude darme cuenta del compromiso que requería estar ahí frente al otro;

pero también la gran pasión por intentar habitar otras nociones sensoriales, psicológicas, interpretar a otro. Me resultó primero intrigante y después, conforme fueron avanzando las clases, me resultó muy revelador.

Yo tenía dieciocho años y nunca antes me había detenido a pensar cómo siento, cómo me expreso, simplemente yo iba por la vida como un animalito descarriado y el teatro me dio esta posibilidad de reconocer mi humanidad en otro y de poder ofrecer aspectos de la condición humana para ser expuestos y valorados por otros.

No pude ser más afortunado que haber empezado mi carrera con un maestro como Hebert y haber estado en La Compañía del Sótano por cerca de siete años. Más que una compañía de teatro, era una familia teatral y pocas veces tienes la oportunidad de encontrarte a una familia o a tu familia teatral y lo digo con la certeza de haber estado en varias puestas en escena, de haber trabajado en varias compañías. Creo que son pocas las que se vuelven una familia en toda la extensión de la palabra. Qué fortuna haber encontrado a un ser tan generoso, entregado, apasionado por la docencia, por ver el crecimiento de otros seres, como Hebert y, puedo decirlo sin lugar a dudas, en Tijuana hay muy pocos maestros como él, con ese nivel de entrega, con esa pasión y con ese conocimiento.

Y ahora que has dado el paso a la dirección, ¿qué aplicas de lo que aprendiste de Hebert?

El compromiso férreo que tenía con sus actores, esta idea de no abandonar la escena. al actor, la propuesta estilística. Me quedó muy claro de su manera de dirigir, y yo la aplico también en mis puestas en escena. El compromiso que yo adquiero al trabajar con los actores, voy a hacer hasta lo imposible para lograrlo y si el actor no renuncia, si el actor no claudica en el intento, lo logramos. Eso es algo que Hebert tenía muy firme. Decía: "A mi todavía no me gusta y sé que a ti tampoco te ha gustado, entonces no podemos compartirle al público algo que todavía no sea de nuestro agrado".

Aprendí de él ese apasionamiento, ese compromiso que tenía con los actores, pero también la disciplina que el actor debe tener, o el entrenamiento, era muy, muy, muy clavado con eso: el entrenamiento físico y vocal.

Esta idea de prácticamente enclaustrarnos antes de un estreno, esa semana, esos diez días previos, era de casi casi, vas a vivir allí en Casa de la Cultura, ahí vas a comer. Hubo días de *5 y 10* en que nos quedamos a dormir ahí en el teatro. Cuando eso me ocurre con mis actores, yo les digo: "Güey, disfrútalo, en tu vida vas a volver a vivir un proceso como este en el que, por la locura, por estar ensayando, nos quedemos dormidos o digamos, "Hey, pausa. Hay que dormir tres horas y luego seguimos ensayando".

Para mí, la dirección es darle sentido común a lo que ocurre en la escena y algo que Hebert hacía muy bien era intentar mantener un ambiente agradable de trabajo, daba gusto ir a los ensayos porque sabías que te ibas a encontrar con tu familia. Esta idea de hacer del lugar de ensayos un lugar placentero, es algo que no mucha gente se permite, no mucha gente se da la posibilidad de saber que para el actor, el espacio tiene que ser un espacio de gozo, un espacio placentero, un lugar al que tú vas a ir a entregar parte de tu humanidad, pero también vas a pasártela bien, aunque la obra fuera una tragedia. Hebert también hacía eso muy bien.

Hebert era un niño jugando, perfectamente podría yo verlo a sus doce años jugando con muñequitos y prestándoles ficciones para enriquecer su juego, y de alguna manera, cuando eras su actor, te volvías una parte de ese juego, donde tú también entregabas tu creatividad y eso era muy gozoso.

¿Recuerdas alguna anécdota que quisieras compartir?

Anécdotas hay muchísimas. Algo que no tenía Hebert era una noción de la puntualidad. Para él decir "voy a llegar cinco o diez minutos tarde, equivalía a que puede pasar una hora u hora y media, y después llegaba y te decía todas las razones por las que llegó tarde.

El último año que trabajé en La Compañía del Sótano estuvimos todo un año aferrados tratando de montar una obra que se llama *El primero*; recuerdo que el primer día que nos citó Hebert estaba, creo, Soco Tapia, creo que estaba Isabel Rolón, Manuel Villaseñor... yo era el chamaco de esa puesta en escena. Nos citó un 4 de enero. "Vamos a empezar a trabajar a las ocho de la noche", y yo , conociendo a Hebert pues dije "Ocho, voy a las ocho diez y ningún problema". Cuando llegué me puso una zurrada, así, monumental, como de tiranosaurio; estuvo hablando de irresponsabilidad, de impuntualidad, de que si quería estar en el proyecto y que si no, lo abandonara. Y después ya en la peda se lo dije: "Oye, no mames tengo ya siete años conociéndote y nunca llegas puntual y el único día que yo llego pinche tarde me pones una cagadota". Pero, pues así nos llevábamos Hebert y yo.

¿Qué montajes recuerdas especialmente?

La verdad, todos. Recuerdo haber entrado al quite a *Siempre dije que no,* y haber tenido apenas tres ensayos y, órale, aviéntate a dar función Y era muy grato, era una fiesta, yo la veía así a *Siempre dije que no,* era una fiestota donde había mucha locura y mucha diversión.

El primer montaje en el que viví todo el proceso y además viví el proceso de que un dramaturgo escribiera específicamente para los actores que la iban a interpretar, fue *5 y 10.* Hasta la fecha sigo creyendo que lo que muchas otras personas tardan cinco u ocho años dentro del teatro y en elaborar un discurso personal, actoral, yo lo hice en esos seis meses de montaje. Ahí se sintetizó muchísimo conocimiento y para mí no solo fue un gran aprendizaje, sino también muy gozoso presentar esa obra. Fue la primera obra con la que salimos de Tijuana a dar funciones, todo eso para mí era mágico. Recuerdo que en Juárez nos dió Hebert una cantidad de dinero de algo que salió de la función, y eso me pareció una locura. O sea: "Voy, me divierto, hago como que soy otro y me pagan, esto está chido, se puede vivir de esto", pensé.

Sin lugar a dudas *En altamar* creo fue un parteaguas en muchos sentidos y sobre todo por esta idea, de la que le aprendí mucho a Hebert, de hacer obras de largo alcance, de largo aliento, no pensar en una obra como algo que se presenta solamente para la familia y los amigos. Tuve la fortuna de que la gran mayoría de las obras que presentamos con La Compañía eran temporadas largas o siempre permanecieron vigentes en la cartelera. Y me gusta creer en eso, el teatro como fenómeno sí es efímero, pero creo que las cosas en escena vale la pena estarlas viendo y revisando cada cierto tiempo y esa idea que Hebert tenía de hacer temporadas largas, de hacer que una obra se presentara mucho aunque muy poca gente fuera a vernos. Creo que si Hebert hubiera tenido estas posibilidades de que en Tijuana hubiera más gente asidua al teatro, que hubiera un poquito más de apoyo por parte de las instituciones culturales, las temporadas de La Compañía del Sótano todavía habrían sido muchísimo más largas; prueba de ello es *Ramón y Cornelio*, lleva 20 años. Y creo que esa idea de Hebert, fuera de la Ciudad de México, muy poca gente la tiene, y es comprensible por las condiciones en las que se da el fenómeno teatral. Hebert era, en ese sentido, un guerrero y creo que hasta la fecha es una idea en la que me gusta creer y es algo que inculcó en los actores que invito a trabajar conmigo. Les digo: "Intentemos que sean temporadas largas". Y creo que estar dos años en temporada de *En altamar*, también nos dió un crecimiento y sobre todo una noción de profesionalización de esto que hacíamos, muy amplia, muy vasta.

Pluto, el dios de la riqueza también fue un proceso divertidisimo. En *Sueño de una noche de verano, Ramón y Cornelio,* creo que hay mucho cariño y mucho amor. En *¿Qué pasó con Schuachanáguer?* la idea de poder tú diseñar toda una escena y que sea incluida en un espectáculo, sentó las bases para lo que luego fueron los unipersonales que yo llevo más de dieciséis años presentando.

¿Por qué dejaste La Compañía del Sótano?

Hubo una gran época de La Compañía del Sótano para mí, desde 1996 quizás hasta 1999, en donde sabíamos que los que estábamos prácticamente fijos o de base o de planta, todos los días, ahí chingándole, éramos Carlos Corro, Hebert y yo.

La razón por la que dejé la compañía fue ese año que pasamos, ese año completo de enero a diciembre, intentando montar *El Primero* y fueron doce meses. Empezamos en enero y cerca del 8 o 9 de diciembre de aquel año Hebert dijo: "¿Saben qué?, voy a detener el proceso porque no vamos a ningún lado." Y en ese año entraron y salieron diez o doce personas de ese proceso de montaje, la única persona que estuvo allí todo el tiempo fui yo, y cuando Hebert dijo "Lo voy a detener porque realmente no avanzamos". Ahí yo le dije a Hebert: "Okey, yo también me voy a dar un pausa, voy a buscar otras maneras de trabajar porque llevamos un año..." Con el tiempo, con los años lo platicamos. Algo que yo sabía, y de lo que no me había dado cuenta, era que yo también estaba buscando otra manera de construir mi carrera y ahora que estamos por cumplir dieciséis años de la compañía que dirijo (Los Tristes Tigres), me doy cuenta de que eso era en realidad lo que yo estaba buscando: tener una compañía de teatro.

¿Alguna anécdota que quieras compartir?

A mí me tocó la época cuando iba a retomar funciones de la obra *Siempre dije que no.* Yo era estudiante de La Compañía y Hebert me invitó a ser el traspunte, a poner la música, y en aquel entonces la música estaba en un cassette, no había de otra y entonces ensayamos, me pasó todos los "quius", me dijo que cuando suceda tal cosa, le picas play, cuando tal cosa le picas pausa, y yo lo llevaba todo bien. Ensayamos, dimos función, pero Hebert era muy nervioso al estar en escena, siempre estaba como vibrando. No sé cómo hayan sido las últimas funciones de *Ramón y Cornelio* pero no dudo que haya estado también así. Bueno, en esas funciones de *Siempre dije que no* él era como un presentador de circo, estaba en escena y entonces en algún momento sintió que la música no entraba a tiempo. Yo lo que estaba esperando era el pie o el silencio donde me tocaba poner la música, pero sale como bala del escenario hacia donde estaba yo con el estéreo y me gritó "¿Qué, por qué no pones la música?" Y le pica, pero en vez de picarle al play, le pica al rec y entonces empieza a borrar la puta grabación y no suena nada, pero él le pica y voltea y me grita "¿Qué hiciste?" Y esa vez me salió con un "¿Qué hiciste, pendejo?" y le pica stop y luego le vuelve a picar play y la música no suena y la regresa y empieza a sonar música de otro track y le adelanta y empieza otro track de otra escena, pero él, por su nerviosismo, estaba convencido de que yo le adelanté a la cinta, yo le hice no sé qué y entonces me estaba pegando una cagada con público allí en el Foro del Sótano, o sea que estaban escuchando todo, y se tardó, no sé, una eternidad, tres minutos, cuatro minutos en localizar el track que iba. Finalmente lo puso y continuó la función. Al finalizar, Liliana Cota, Vianey Herrera, todo el mundo me veía con cara de "eres un idiota, arruinaste nuestra función". Lo único que hice fue decir "Aquí están sus cosas de utilería, ¿mañana a qué hora? Mañana a las seis", y ya. Llegué a las seis...

HEBERT: Oye ¿sabes qué? Tenemos que hablar.

ADRIÁN: Ni madre, yo vengo a decirte que renuncio, yo no vuelvo a echar la música. La neta es la primera vez en mi vida que me pendejean, o por lo menos a ese nivel, o por lo menos que yo me entere, entonces renuncio.

HEBERT: No, no.

ADRIÁN: ¿Sabes qué? Si voy a poner la música, nadie le debe meter mano más que yo. Tú no te has dado cuenta de que tú la cagaste, que tú le picaste a los botones que no eran. Si yo me voy a hacer cargo, yo me hago cargo y si yo la cago, yo la cagaré. Pero no mames: vas tú, le metes mano, tú la cagas ¿y yo soy el pendejo? No, a la verga.

HEBERT: No, no, Adrián… acepta mi disculpa.

ADRIÁN: Okey, tú no me pendejeaste a solas, tú me cagaste delante de todos, acepto la disculpa si te disculpas delante de todos.

Me pidió una disculpa así, apretándose todos los testículos porque era duro de roer. De ahí en adelante, establecimos una manera de comunicarnos muy padre, porque sabíamos cuál era la responsabilidad de cada quien y cuando yo lo asistí en la *La rosa de oro* todo era super cordial, no porque fuera políticamente correcto o socialmente aceptable, sino porque sabíamos que podíamos dialogar de manera horizontal, de pares. En *La rosa de oro* yo como asistente era prácticamente como un consejero, "¿tú cómo lo ves?, ¿tú qué piensas?, ¿tú qué crees?, ¿cómo crees que podemos ayudar a que la escena surja?"

Eso es algo muy bello de Hebert que era mantener en los colaboradores esa noción creativa, saber que tú eres el director y yo soy el asistente pero no por eso mi opinión no cuenta.

Con Hebert, y esto era algo grandioso, no había esta reverencia de "Sí, Señor Director, como usted diga". Nosotros, como profesionales sabíamos que el director tenía la última palabra de lo que ocurría en escena, pero no porque él se pusiera en un pedestal. La verdad es que nos burlábamos mucho de él y él se reía mucho con nosotros, y eran procesos muy, muy divertidos.

Esa noción del trabajo de Hebert como creador, como director y como docente, permanece arraigada en mi ser y yo creo que en muchos de nosotros.

Hebert era el ejemplo. Cuántas veces no lo vimos desvelándose con su hermana, haciendo los vestuarios de todas las pinches obras y de "No, cósele más aquí, ponle más acá…" y si ibas a su casa, estaban haciendo vestuario y si llegábamos acá, estábamos haciendo talacha y ya que llevábamos seis horas de talacha, ahora sí: vamos a ensayar. Eso me funcionó muchísimo para lo que posteriormente me esperaba dentro de este ambiente: el saber que no me detiene no contar con un iluminador o con un escenógrafo o con gente a la que yo no pudiera acceder por falta de recursos porque las nociones allí están y podemos resolverlo.

Una última reflexión acerca de Hebert como artista, como ser humano y la forma en que te encaminó como profesional y como persona.

Creo yo que van de la mano una cosa con la otra. Hebert era este ser amoroso, cariñoso, apasionado y entregado por el fenómeno escénico, porque así era también con su vida. Hay muchas pequeñas frases de él que marcaban cómo vivía la vida, esa manera que tenia de vestir, esa manera de elegir la tela que él quería sentir en su piel, en su cuerpo, porque le gustaba una tela, más allá de las modas, más allá de las marcas. Esa lealtad que tuvo hasta el último día de su vida de estar todos los sábados comiendo con su mamá, el incentivar en todos sus alumnos un crecimiento artístico. Gracias a Hebert es que yo me volví un apasionado del teatro, de la lectura, del cine. Pienso que Hebert era este gran creador escénico y era este ser amoroso y era este maestro generoso. Su vida era así de rica y apasionada por el arte al que se dedicó.

ADRIÁN VÁZQUEZ es licenciado en Teatro por la Universidad Veracruzana. Actor, director y dramaturgo que inició su carrera actoral en la Casa de la Cultura de Tijuana. Ha participado como actor en más de 60 obras de teatro, incluyendo *En Altamar, Wenses y Lala* y *Los dias de Carlitos*. En 2020 fue nominado para un Ariel en Mejor Coactuación por su trabajo en la película *Polvo*, de José María Yazpik.

Con Naomy Romo en 2013.

Espíritus alcanzados
Entrevista con Naomy Romo

¿Cómo conociste a Hebert?

Lo conocí cuando fui a audicionar para el taller de teatro de la Casa de la Cultura de Tijuana. Fui a inscribirme al taller un poco a ciegas; en la recepción me dijeron que tenía que audicionar para el maestro Hebert Axel.

Fui muy confiada pensando que era una entrevista y nunca imaginé que podrían rechazarme. Hebert nunca me hizo sentir juzgada. Fue un proceso amoroso, respetuoso y cariñoso.

¿Qué nos puedes decir de Hebert como maestro?

Era muy exigente, uno de los maestros más exigentes que he tenido; pero él tenía un amor y un respeto tan grande por la carrera, por la pedagogía y por el ser humano que todo lo abordaba con sumo amor y respeto. Nunca fue un maestro grosero, violento, que te enfrentara de una manera hostil, al contrario, siempre hizo todo desde el amor.

¿Cómo te integraste al elenco de Rebelión en 2003?

Hebert era tan exigente como maestro que ese año yo me convertí en su única alumna. Corría a los estudiantes que no cumplían con el curso, o ellos se iban porque sentían que era mucha exigencia. Un día me dijo: "Vente a tallerear conmigo, con los actores de una obra que estoy montando. Quiero que veas cómo trabajan los actores profesionales, quiero que me hagas muchas preguntas". Era su manera de darme clases. Entonces yo estaba viendo todo, participando en los ejercicios que hacían los actores profesionales.

165

Un día, un actor abandonó el montaje y Hebert se me acercó.

HEBERT: Oye, ¿no quieres actuar tú?

NAOMY: Yo no soy actriz. Además, el personaje es un hombre, ¿cómo quieres que yo lo haga?

HEBERT: Pero tú puedes, yo sé que tú puedes. Tienes un día para leer el texto, mañana me confirmas.

Me fui a mi casa, leí la obra, no entendí nada; pero pensé: "Lo voy a hacer. Si Hebert confía en mí, yo confío en él". Así llegué a *Rebelión o la farsa en pedazos*.

¿Cómo era Hebert como director escénico?

También era muy exigente; pero hacía una cosa que era muy curiosa, que sinceramente no he vuelto a vivir. Hebert te hacía creer que todo lo que estaba puesto en escena lo habías propuesto tú como actor. No te dabas cuenta cuando te estaba dirigiendo. Recuerdo que yo llegaba con preguntas: "¿esto por qué?", "¿cómo lo hago" o "¿cómo resuelvo esta situación?" Y muchas veces respondía: "No sé, la actriz eres tú. Actúa". Podía parecer que no estaba dirigiendo, pero sí.

Varios alumnos consideran que Hebert no solo fue maestro de teatro sino maestro de vida. ¿A qué crees que se deba esto?

Hebert era un artista y un gran ser humano, no hay manera de separar esas dos facetas. Por eso era maestro en la vida de todos, porque era tan generoso que siempre quería compartir contigo la belleza de la vida. Todo eso lo llevaba al arte.

¿Cómo te enteraste del cierre del Foro de Sótano?

Yo siempre que viajaba a Tijuana visitaba las clases de Hebert. Una vez fui y él estaba en otro salón. Le pregunté qué había pasado pero no me lo explicó. Siempre que venía una persona importante a la Casa de la Cultura, Hebert la llevaba al Sótano y con gran orgullo mencionaba todo lo que se había montado. Era un lugar mágico en el que la gente iba a gozar y a pasársela bonito. Era un hogar para muchos de nosotros, un lugar de mucha felicidad tanto para los actores y bailarines que lo habitábamos como para la gente que asistía a los eventos. El Foro del Sótano era un motivo de orgullo para la Casa de la Cultura. La verdad, nunca entendí por qué lo cerraron.

Y como actriz de la Compañía del Sótano, tú participaste en varias de las temporadas...

Sí. Las temporadas largas que Hebert siempre buscaba en sus obras de teatro no eran por vanidad, no eran por colgarse un número de presentaciones. Él lo veía en espíritus alcanzados. En espíritus que tenían oportunidad de vivir una obra artística, un momento de esparcimiento, él quería tocar a la gente. Consideraba que las personas tenían derecho al arte, al gozo, al disfrute y a la belleza, pensaba que entre más largas fueran las temporadas, más gente podía ver la obra, más espíritus se iban a tocar. Él lo consideraba un derecho humano.

¿Qué le dirías hoy?

Le diría: gracias, Hebert, por darme la llave que me permitió abrir la puerta al conocimiento, al gozo artístico, por enseñarme que no necesito comprender una obra de arte para saber que soy merecedora del gozo que me da. Gracias por ser el amigo tan amoroso que fuiste, por todas esas comidas chinas de media noche, por todas esas veces en las que me dijiste que yo tenía valor. Gracias Hebert, fuiste y eres un gran maestro. Te amo.

NAOMY ROMO es una actriz y guionista tijuanense. En teatro ha trabajado en *Rebelión o la farsa en pedazos*, *Ifigenia en Tauro*, *El rey que no oía pero escuchaba*. En cine ha participado en *Mamá se fue de viaje*, *Música ocular* y *Propiedad ajena*, entre otras. Actualmente estudia en el Centro de Capacitación Cinematográfica.

Laura Durán interpreta a Susanita durante el rodaje
de escenas para el documental en el foro Loft, espacio de creación.
(Tijuana, 2021).

RETRATO FORMADO
POR MUCHAS PALABRAS
Entrevista con Laura Durán

Conociste varias facetas de Hebert, como su amiga y actriz. ¿Cómo describirías al director escénico?

Era muy quisquilloso pero también te dejaba en completa libertad. Dejaba que tú crearas, que tú propusieras y a partir de tu propuesta él iba acotando y moldeando. Fui fan de *La Campesinela,* la ví varias veces; trabajamos en *Ramón y Cornelio* y después me invitó a ser asistente de dirección en *La Campesinela.*

¿Cómo era ser su asistente de dirección?

Era muy demandante. Para poder ir a su ritmo había que estar más adelante que él y eso a veces era un poquito extenuante. Además, en el camino cambiaba de opinión, entonces de pronto lo que ahora le parecía divertido de pronto lo podíamos llevar más allá, y lo que era un puñito se convertía en un puñote y había que estar siempre teniendo ases bajo la manga para que, en el momento de creación, estuviera lo que se necesitaba.

¿Qué aprendiste de él?

Yo entré al teatro porque me gusta, comencé a actuar porque me gusta, pero siempre lo consideré un hobby, un pasatiempo y nunca me consideré lo suficientemente buena para hacerlo de manera profesional. Hebert me enseñó que sí tenía madera, que sí era posible, no solo en teatro, no solo en la actuación, sino que siguiera con cosas que me gustaban y él fue una gran inspiración en ese sentido y me mostró que la primera persona que tiene que creer en tu trabajo eres tú.

Hay quienes tenemos talentos para varias cosas pero no necesariamente son los mejores talentos. Hebert era multitalentoso y en su máxima expresión muchos de esos talentos.

¿Y como persona?

Hebert no solo era un director de teatro, un actor o un productor, era ante todo un ser humano que veía por los demás. Fue una persona muy amorosa, siempre preocupado por su entorno. Y era un promotor cultural nato, un promotor en general. Tuvo participación activa en una contienda como candidato y él siempre estuvo abogando por los derechos de las personas. Entonces yo creo que su aportación está básicamente fundada en su ejemplo; quienes estuvimos alrededor de él nos sentíamos inspirados por su pasión.

Además de ser un excelente maestro (porque él tenía una vocación de maestro, una vocación inquebrantable, dentro y fuera del aula), era una persona que sabía escuchar, muy atento, muy resiliente. Inmediatamente se daba cuenta de las situaciones incluso antes de que su intelecto las procesara, emotivamente se daba cuenta rápido. Eso debe ser lo que hacía que embonara tan rápido con las personas. Por otro lado, era un apasionado del quehacer escénico. Una cosa es la docencia y otra cosa su lado de creador y de quehacer escénico. Era muy tenaz, muy decidido, muy claro en lo que quería y al mismo tiempo muy de consonancia con el alma de las personas. No solo con lo que ellas podían aportar con el proyecto central, se preocupaba mucho por nosotros en la escena y fuera de la escena. Él se daba cuenta de nuestro talento aún sin que nosotros nos diéramos cuenta de ello, y era bastión, un apoyo, una porra siempre, constante. Una persona que te inyectaba vitalidad pero también confianza.

Era un tipo muy alegre, siempre veía lo positivo de las cosas, siempre estaba viendo la parte jocosa, y muy mordaz a la vez. Era "me rio", pero en la carcajada iba el retrato y la crítica de la sociedad, su sentido de corresponsabilidad social, señalando lo que se puede mejorar.

Era como uno de esos retratos donde se ve que la silueta de la persona está conformada por letras, por muchas palabras. La imagen de Hebert estaría formada por todo lo que nos decía, por esas insistencias de ser disciplinado, de respetar la escena, de respetar al actor, de respetar al público, de ser coherente, de no abandonar sus sueños, de aterrizarlos también; ese estar señalando a la autoridad para que los artistas tengan un trabajo digno y para que el quehacer escénico trascendiera los muros de los recintos culturales a más ciudadanos de todas las edades. Ese era Hebert para mí.

LAURA DURÁN es licenciada en Comunicación por la Universidad Iberoamericana plantel Noroeste. Ha incursionado tanto en el periodismo cultural como en el de información general. Destaca su participación en la Compañía del Sótano donde se integró al elenco de *Ramón y Cornelio*. A partir de 2021 asumióW la dirección del montaje de *La Campesinela*.

Teresa Riqué durante su entrevista en la Casa de la Cultura de Tijuana (2021). Foto tomada del documental.

Recuperar el Foro del Sótano
Entrevista con Teresa Riqué

¿Qué te llamaba la atención de los montajes de Hebert?

Me encantaba su estilo. Siento que fue una escuela también no solamente para actores sino para directores de teatro. Ese trabajo que desarrolló a lo largo de tantos años sin duda dejó huella. Para mí era un gran director.

¿Qué obras recuerdas?

La obra *Ramón y Cornelio* me encanta. La sigo viendo y me sigue divirtiendo igual que la primera vez que la vi. La he visto varias veces, creo que tanto el libreto como la puesta son buenísimos. Creo que es una de las obras de teatro que no va a perder vigencia nunca.

La Campesinela es otra de las obras que hizo Hebert. Me parece que sigue divirtiendo todo el tiempo y que es un espectáculo apto para toda la familia, divertido, adecuado para la frontera. El lenguaje es muy familiar, muy simpático. Es una obra que se puede presentar cada año en la temporada navideña sin ningún problema.

¿Cómo fue trabajar con Hebert?

Cuando hicimos *Pedro y el lobo* con Hebert en 2003 fue una experiencia muy interesante. Aunque la ópera trabaja con cantantes principalmente, trabajar con un director de teatro es otra cosa. Nos ayudó muchísimo con el coro infantil. Tuvimos una temporada previa a la preparación de la puesta en escena en la que les dio un curso y los preparó actoralmente; luego montó la escena con la orquesta. La verdad es que fue un resultado maravilloso. Fue una experiencia muy didáctica que dejó para los niños un recuerdo hermoso.Trabajar con un director de teatro fue todo un aprendizaje.

¿Qué representa para ti el Foro del Sótano?

Representa un ícono de los espacios teatrales en Tijuana. *Pluto, el dios de la riqueza* fue la primera obra de Hebert que vi en el Foro del Sótano. Me encantó el concepto, lo disfruté muchísimo. Esa vibra que se siente tan cerquita con los actores es fantástica. A mí me encantaría que se recuperara el foro. Habría que pensar en eso. Hay tantos espacios nuevos y carencia a la vez de espacios que valdría la pena rescatarlo. Es un concepto precioso. No tiene comparación con un espacio convencional, con un teatro convencional. Es un espacio íntimo que permite un acercamiento. Sentir a los actores tan cerca, sentirles la respiración, eso atrapa muchísimo a la gente, atrapa mucho al público.

¿Qué significó para Tijuana el cierre de ese foro?

Pues definitivamente es una pérdida enorme, la mutilación de espacios es una pérdida de patrimonio que se debe evitar. En el caso del Foro del Sótano, se puede recuperar. Si hay voluntad política se puede recuperar.

MARÍA TERESA RIQUÉ JAIME es directora general de la Ópera de Tijuana, organización sin fines de lucro que fundó junto con el tenor José Medina. Ha producido diecinueve óperas de gran formato y dieciocho ediciones del Festival Ópera en la Calle, además proyectos de proyectos especiales como la creación de una Orquesta en la Zona Este de Tijuana, y el Programa de Ópera en las Plazas Públicas.

Una sonrisa, un chascarrillo...

Entrevista con Jaime Cháidez

¿Cuándo conociste a Hebert?

Hace treinta y seis años, en abril de 1985. Probablemente la primera obra de teatro profesional que yo vi como reportero del semanario *Zeta*, fue *Octubre terminó hace mucho tiempo*, con Manuel Villaseñor e Isabel Rolón, y por obvias razones, al terminar la obra conocí a Hebert Axel. Después me lo encontré frecuentemente en las muestras de cine internacional en el Cinema Tijuana 70. Mi esposa ya lo conocía porque él estudió Derecho, mi esposa había trabajado como secretaria en la Facultad de Derecho y entonces se fue volviendo familiar asistir a sus obras de teatro, cubrirlas, entrevistarlo; de tal manera que llegó a invitarme a develar una placa, porque su característica era que no presentaba una obra de teatro una sola vez sino que hacía temporadas, lo cual es algo muy, muy singular de su persona. Y hablo en tiempo presente, no puedo hablar en pasado. Siempre se afanó por hacer temporadas largas, y no solo de 50 o 100 presentaciones, estamos hablando de años.

¿Cómo era la relación entre ustedes?

Digamos que Hebert y yo nos guardábamos respeto. Él me respetaba como periodista y yo a él como promotor cultural, director y actor. Como funcionario tuve la suerte de convivir con él en el Centro Cultural Tijuana en el año 2019. Todo ese año fuimos compañeros, nos veíamos diariamente. Siempre te saludaba con un "¿cómo estás, amigo?" Te tomaba de una mano con sus dos manos, te miraba, esperaba la respuesta y siempre

175

había una sonrisa, un chascarrillo, alguna palabra con doble sentido, una jovialidad que no era fingida. Era una jovialidad que él alimentaba.

¿Y qué recuerdos tienes de su trabajo, de sus montajes?

Recuerdo su sentido del humor en trabajos como *La Campesinela*, *¿Qué pasó con Schuachenáguer?* y *Ramón y Cornelio*. Siempre había un tono de humor, aunque también había trabajos muy serios, muy críticos, muy ríspidos, pero al Hebert Axel que más recuerdo es a aquel que trataba de que el tiempo libre que le dedicabas a ver una obra de teatro tuvieras una sonrisa.

¿Y cómo lo ubicas como director de teatro?

Lo ubico como un hombre persistente que tenía muy claro lo que deseaba hacer con su profesión, incluso recuerdo que bromeaba con él diciendo que se había convertido ya en el director más antiguo, en el director más viejo de Tijuana, porque ya habían fallecido Jorge Andrés Fernández, Enrique Nolasco, varios directores, y él se iba quedando como el gran veterano. Lo ubico como un hombre profesional que siempre se empeñó en sacarle jugo a las veinticuatro horas, ya sea como promotor, como empleado, como actor, como director y como amigo.

Las temporadas teatrales son un tema muy relevante en la historia de Hebert. ¿Te parece que Tijuana está o estaba para tener temporadas teatrales como las hacía él?

Sí, claro. Para mí, Tijuana tiene todavía que crecer, consolidarse con una buena feria del libro, con temporadas de teatro largas, con presentaciones de ópera profesionales. Tijuana todavía es adolescente en el sentido de que adolece todavía de carencias, todavía le falta consolidarse. Me parece que es una ciudad que tiene mucho por dar, si bien estamos hablando de que precisamente en la época en que conocí a Hebert Axel se habló de un renacimiento o de un florecimiento cultural, creo que la Tijuana de los años ochenta fue muy, muy dinámica. Ahí se dieron muchos, muchos nacimientos de proyectos y de personajes, pero también ha habido baches y creo que, en ese sentido, a Tijuana le falta mucho crecer en los próximos años. Entre esos pendientes está el que las obras de teatro tengan temporadas largas

Hebert realizó la mayor parte de su trabajo en la Casa de la Cultura de Tijuana, donde montó 22 obras de teatro y, precisamente por las temporadas, llegó a representar 750 funciones. Esas son las que podemos contabilizar, porque sabemos que fueron más. En 2009 la Casa de la Cultura decidió cerrar arbitrariamente el Foro del Sótano donde él había trabajado durante diecisiete años. Como reportero de la fuente cultural, ¿te tocó cubrir ese acontecimiento?

En algún momento se habló del tema, pero fue algo muy clandestino, muy en secreto. Me extrañó un poco que Hebert Axel no hiciera más escándalo cuando una funcionaria decidió incluso sacar las cosas, pero yo creo que fue como una especie de descuido colectivo que nos agarró por sorpresa. Además, es una lástima porque precisamente ahí fue donde yo develé una placa, conmemorando las 100 funciones de *Rebelión o la farsa en pedazos*. Era un espacio muy bonito donde me tocó ver muy buenos trabajos.

¿Qué representa para Tijuana o cualquier ciudad el cierre de espacios culturales como el Foro del Sótano?

Bueno, es un tema difícil. No solamente el cierre del Sótano sino el cierre del Instituto de Cultura de Baja California; el cierre de una biblioteca, la más importante de la ciudad, la biblioteca Benito Juárez. El día en que cerraron la biblioteca y desalojaron el ICBC, Tijuana retrocedió cuarenta años en su nivel cultural. Yo estoy muy lastimado por lo que ha venido pasando y como te lo mencionaba anteriormente, Tijuana necesita crecer, no decrecer. En ese sentido, la pandemia ha sido muy dolorosa en términos de cultura porque parece que nos sorprendió y no nos hemos dado cuenta de lo que viene sucediendo en el cierre de espacios, y lo del Sótano es todavía una piedrita en el arroz.

¿Una última reflexión?

Para mí, sin duda alguna, ha sido muy doloroso el último año. Dentro de tantas ausencias, la de Hebert Axel es una de las más dolorosas porque era un hombre con una madurez, con una potencia intelectual, que estaba en plenitud de facultades. Eso es lo que más duele, un hombre de sesenta años que te puede dar todavía quince o veinte años de producción, en todos los términos. Eso es lo que sacude, que pueda morir un hombre, un ser humano en plenitud. Solo me queda el dolor de su ausencia.

JAIME G. CHÁIDEZ BONILLA ejerce el periodismo cultural en Tijuana a partir desde 1984. Es licenciado en Periodismo y Comunicación por la Universidad Nacional Autónoma" de México. Produce el programa radiofónico Cada Jueves desde 1994. Forma parte del consejo editorial de *Identidad,* suplemento cultural del periódico *El Mexicano.*

GRANDES DEBATES
Entrevista con Ieve González

¿Cómo era tu relación con Hebert? ¿De qué hablaban?

Hebert y yo, durante los años que nos conocimos y en el tiempo que yo viví en Tijuana, nos echamos varias horas en su coche platicando sobre la vida en general y, de pronto, sobre el arte; eran los temas recurrentes. Una de sus preocupaciones respecto al arte era que hubiera una búsqueda por parte de los artistas hacia una preparación y un crecimiento intelectual constantes y también había una preocupación por lo sublime. De pronto nos aventábamos grandes debates porque a mí me tocó una parte más postmoderna del arte y nuestras visiones contrastaban en ese sentido, entre lo sublime, la forma, el contenido... navegábamos mucho en esas pláticas, de pronto muy apasionadas, sobre lo que es el arte y la función que cumple dentro de una sociedad.

Creo que para él siempre estuvo ese deseo de empezar a construir obras que implicaran una experiencia, que fuera algo más inmersivo para el público, que se despojara del espacio escénico y la obra tratara de habitarse a sí misma a partir de estructuras efímeras. Es algo que se veía en ese deseo constante de experimentar que tenía Hebert.

¿Qué era relevante para él en cuanto a lo artístico y social?

Tenía un interés muy profundo por la educación artística en Tijuana y tenía una pasión muy grande por la ciudad. Constantemente estaba su preocupación de cómo ir conectando con el desarrollo teatral de la ciudad. El proceso del Diplomado de Actuación Vivencial fue todo un camino de ir y venir a Ciudad de México, checar documentos, hacer propuestas y buscar espacios, siempre con ese interés de cómo seguir aportando otras formas de educación.

Para mí era muy interesante convivir con este amigo tan relajado, tan tranquilo; pero que iba soltando estas pequeñas historias de la lucha constante que hizo durante toda su vida en pro de la cultura de Tijuana. Lo que llegó a hacer con Max Mejía, la forma en la que se integró o formó parte de lo que fue la Licenciatura en Teatro de la UABC, la preparación que le dio a los actores dentro de la Casa de la Cultura de Tijuana y el lugar al que llegaron varios de esos alumnos.

Algo que vi en Hebert fue que tenía una gran preocupación por Tijuana, había un gran cariño por la ciudad. Me contaba grandes historias de lo que vivió en la Ciudad de México durante su juventud, pero siempre tuvo el deseo de regresar. Eventualmente lo hizo y se dedicó a construir la educación teatral, escénica, en la ciudad. Algo interesante es cómo sus palabras se materializaban en hechos.

¿Qué te contó de su relación con la Casa de la Cultura?

Cuando piensas en el concepto: "mi segunda casa es el trabajo... la escuela..." a veces lo decimos como algo muy superficial pero con Hebert aplicaba perfectamente porque de pronto era más fácil encontrarlo en la Casa de la Cultura que en su propia casa. Era muy estricto con eso "tengo que llegar a tal hora" y se quedaba más tarde y sabías dónde ibas a encontrarlo.

Fue muy interesante ver cómo se transformó la Casa de la Cultura durante el corto periodo en que Hebert fue director. Se pulió de muchas maneras porque en cuanto tuvo la oportunidad de tomar decisiones dentro de la institución, lo primero que hizo fue elevarla.

Ya lo venía haciendo pero me parece que en cuanto "le soltaron la rienda", en ese periodo en que, de pronto, él estuvo en una posición de mayor libertad y amplitud, fue bien interesante cómo el cariño que tenía por la Casa de la Cultura se empezó a ver reflejado tanto en cosas sencillas, como el mantenimiento del edificio hasta en las actividades que ahí se realizaban. Fue interesante, muy interesante y me gustó haber sido testigo de esa transformación.

Tenía el deseo de que todo mundo fuera a la Casa de la Cultura. Como maestro y director de una compañía teatral lo hizo a través de sus puestas en escena, pero ya como coordinador se enfocó en la calidad de los eventos y el espectro amplio que buscaba tener en cuanto a público. No solo se preocupaba porque hubiera actividades para niños, sino que buscaba la forma de que pudiera ser una cosa más interseccional, más amplia, y me parece que ese deseo de que la gente asistiera, la conociera y la entendiera como un espacio más allá de la Casa de la Cultura, era super valioso.

¿Qué te dijo de cuando dejó la coordinación?

Fue un proceso muy doloroso para él, fue un duelo muy fuerte porque si bien existía la posibilidad de volver a las aulas como maestro, parecía que se estaba quedando a la mitad de todo un proceso que estaba gestando y trabajando. Hubo enojo y frustración, pero al final de cuentas también comprendía o hacía un esfuerzo por comprender que era algo fuera de sus manos.

Fue dolorosa la historia que se quiso construir alrededor de la ineficiencia de su desempeño. Si algo tenía Hebert, como buen abogado, era tener siempre el papel en la mano y decir: "Recibimos tantos miles de personas, hemos tenido tantos eventos, la Casa de la Cultura se limpió, se pintó, se restauró..." No era posible acorralarlo, y se negó a aceptar que lo despidieron por una cuestión de desempeño sino que la decisión respondía más bien a cuestiones políticas, ajenas a la cultura.

Fue un proceso fuerte pero sirvió para mantener limpio su nombre y decir: "Perdón, pero yo hice esto y aquí te lo puedo demostrar, aquí están tangibles los números". Al final quienes tomaron la decisión dijeron "No, bueno, realmente no es eso, es más complicado, luego te lo platico..." Siempre tratando de escabullirse y no decir de manera frontal: "Es que responde a otros intereses".

¿Por qué decidió ser funcionario cultural?

Hebert tomó la decisión de ser funcionario cultural y hacer a un lado su carrera como director escénico por el deseo de compartir, educar y brindar a otros el deseo de profesionalización. Estamos hablando de un momento en el que no había carreras de arte en Tijuana, entonces fue este deseo de generar ese espacio de formación y también querer incidir políticamente en la ciudad, aportar a la ciudad.

Claro que extrañaba dirigir cosas nuevas. Amaba presentar *La Campesinela* y *Ramón y Cornelio,* pero extrañaba los procesos artísticos. Yo le insistía: "Tal vez es momento de que te enfoques en la compañía". Me parece que en algún momento estuvo a punto de establecer un espacio para la compañía en la avenida Revolución, no se pudo consolidar, no recuerdo por qué; pero sí estaba latente el deseo de que el artista siguiera creando y se quedó en el tintero esa obra que quería hacer, esa experiencia inmersiva a partir del discurso escénico.

¿Crees que sacrificó su vida artística por ser funcionario y desde ahí cambiar la situación de muchos artistas en Tijuana?

Creo que en algún momento sintió que había realizado un sacrificio cuando decidió enfocarse en la vida institucional en pro de la ciudad, pero creo que se sentía recompensado cuando los esfuerzos que hacía surtían efecto. Me parece que, en esta complejidad del ser humano, tenía deseos de hacer ambas cosas pero no tenía tiempo suficiente. Eso hacía que a veces lo sintiera como un sacrificio y a veces lo sintiera como una recompensa, pero siempre con esa claridad de tratar de compensar ambas.

¿Qué aprendiste de Hebert, como artista, como ser humano?

Por el grado de complejidad, de profundidad y de la amplitud de nuestras charlas, me sería un poco difícil enumerar lo que aprendí porque sí tocó muchas áreas de mi vida. Hablábamos de todo, desde lo artístico, lo emocional, lo intelectual, el estrés, la familia, el sexo, la libertad, el autocuidado... una infinidad de temas.

¿Qué tipo de persona era?

Tenía cosas maravillosas. Fíjate que nunca le conocí lados oscuros, tampoco creo que Hebert haya sido un Jesucristo intachable. A veces teníamos que dejar de vernos un par de días porque nuestros puntos de vista contrastában demasiado. De pronto Hebert era muy cuadrado con algunas posturas ante la vida, pero también era bastante transparente. Yo lo describiría como una persona que, por un lado tenía su familia consanguínea, nuclear; pero construía siempre familias extendidas y nos abrazaba a todos.

Una cosa muy íntima que compartiré contigo es que Hebert se sentía muy solo, y era curioso porque siempre tenía gente a su alrededor. Decía que él siempre le pedía a Dios que le mandara amigos y, curiosamente, en esa época conoció a Gustavo Gutiérrez y me conoció a mí. Con los años Gustavo se suicidó y yo me cambié de ciudad, y eso volvió a ser complicado para Hebert porque se volvió a sentir solo en Tijuana.

Hebert quería a todos sus amigos. Sin embargo, para los amigos no era tan claro. No sabíamos bien dónde colocarnos porque a veces decíamos cosas como "Ah, claro, es que tú eres como un hijo de Hebert". En lo que respecta a mí, él siempre me decía que yo era mucho más que un amigo, era como su hermana. Y yo estaba de acuerdo: "Sí, somos hermanas", le decía. "Yo soy la hermana chiquita y tú eres la hermana grande".

IEVE GONZÁLEZ es artista visual, fotógrafo y director creativo. Su trabajo ha sido exhibido en el Museo de Arte Contemporáneo Alfredo Zalce, Centre de Cultura Contemporània de Barcelona y el canadiense Ministry of Casual Living, entre otros.

Carlos Corro, Claudia Ochoa y Ari Hernández durante una función
de *Pluto, el dios de la riqueza* (1995), de Aristófanes.
Adaptación de Luis Humberto Crosthwaite.

III
EL TEATRO EN LOS NOVENTA

Con Isabel Rolón e Ignacio Flores de la Lama durante una sesión de trabajo en la Casa de la Cultura de Tijuana (1991). Fotografía de Alfonso Lorenzana.

Podríamos llamarlo boom
Entrevista con Ignacio Flores de la Lama

Hablando del teatro de Baja California en los noventa, ¿tú lo lla-marías boom?

Sí, sí podríamos llamarlo *boom*. Fue un movimiento que duró varios años, que fue muy interesante, que cruzaba vías con otras disciplinas y que tenía una estética propia, al menos en algunos casos. Me parece muy notable lo que pasó en esos años; sin embargo, el proyecto no tenía tantos vínculos con el llamado "público en general". Tenía más que ver con una cues-tión comunitaria, gremial, sectaria hasta cierto punto. Éramos los mismos, reciclándonos en los mismos lugares. Pero nunca sucedió que el pueblo de Tijuana bajara de las colonias a ver nuestros espectáculos. Eso lo hacía el hipnotizador Taurus do Brasil, nosotros no. Entonces el *boom* siempre estuvo cojo y nunca tuvo vínculos poderosos con la comunidad en general.

¿A qué crees que se debió?

Son muchos factores, yo creo que no siempre le hablamos a la gente de lo que quiere escuchar, de lo que quiere ver. El teatro sigue siendo una reproducción de la experiencia de estar vivo, pero me parece que no siempre dialogamos con el público y en ese sentido nuestro trabajo podría tener algo de onanista. Me parece que puede haber arte, y arte escénico de muy alto nivel, que conecte con sectores amplios de la población.

Hay que recordar que veníamos de cierto tipo de teatro, de esta idea de hacer un teatro tradicionalista y comercial. Había un gusto por reproducir obras que habían sido un éxito en México, que a su vez habían sido un éxito en Nueva York. Lo que quiero decir es que había una tendencia a reproducir el teatro socialmente aceptado, no había ese gusto o esa necesidad por explorar contenidos y formas de expresión propias.

A mí me surgió la inquietud de contar las cosas de otra manera, incluso en otros lugares. Hice espectáculos en un sótano de la Casa de la Cultura, en la escalera contra incendios, en un paso de gato en el teatro de la universidad; buscamos espacios alternos. Quienes hacíamos teatro también buscábamos temas distintos: de pronto nos interesaban algunos clásicos o autores contemporáneos que tuvieran una identidad regional.

Era un momento en el que queríamos explorar con libertad otras formas de hacer teatro y no reproducir modelos de otros lugares, queríamos hacer algo propio y creo que en algunos casos fue muy, muy afortunado.

Yo aquí hago y haré siempre un reconocimiento amplio al maestro Rubén Vizcaíno Valencia que, como director del Departamento de Asuntos Culturales, de extensión universitaria de la Universidad Autónoma de Baja California, siempre me dio libertad y apoyo irrestricto. Eso yo se lo agradezco mucho porque desde el primer día tuve un estímulo para trabajar. A veces después de los estrenos, me invitaba a su oficina y podía ser duro, muy crítico, con base en lo que él entendía. Claro, tenía que ver con sus propios referentes. Nosotros pertenecíamos ya a otra generación que hacía otras cosas.

¿A quién te refieres cuando hablas de "nosotros"?

A todos los que estábamos haciendo teatro en ese momento, con propósitos y objetivos distintos. Estaba Jorge Andrés Fernández, de quien tengo la impresión de que después de que salió de la UABC y cuando estuvo en la ANDA hizo un trabajo mucho más vinculado a la docencia, trabajando más con sus alumnos como maestro y como director. En mi opinión, perdió aquel brillo, aquella garra, de cosas que hizo como *La frontera que llevamos dentro*, *Libertad, libertad* o una obra extraordinaria que fue *La historia del zoológico* de Edward Albee, con Carlos Niebla. ¡Qué cosa tan bonita le quedó! Lo hacían en cualquier lugar, incluido un espacio no muy propicio como el omniteatro, la "bola" del Centro Cultural Tijuana. Hubo un Jorge Andrés con un pulso, un rigor y una garra que luego soltó en alguna época.

Para entonces ya estaba entre nosotros Hugo Salcedo, en ese momento joven y con uno de esos grandes premios europeos que lo había posicionado como un dramaturgo importante de la escena nacional. Llegó también, y se merece todo un capítulo, un personajazo que se llamó Victor Bazan Francoise de Savigni. Su verdadero nombre era Victor Marínez Horcasitas, de la famosa familia Horcasitas, los grandes hacedores de pelucas y prostéticos en la escena nacional. Y él había crecido en el mundo del teatro, tenía viajes, lecturas y tal, pero también tenía un estilo *flamboyant*, seductor para algunos. El maestro Vizcaíno decidió darle también mucho apoyo en su momento. Savigni fundó algo que se llamó Compañía Universitaria de Teatro Clásico, que hasta donde sé no funcionó. Hubo por ahí un *Macbeth* que nunca se puso. Con dinero de la UABC se fue a Michoacán a comprar máscaras de piel y se tardó un mes o dos. Regresó sin máscaras porque se las habían robado en el aeropuerto. Esa es la historia de por qué nunca vimos el *Macbeth* con máscaras michoacanas en Tijuana.

En aquella época llegó también un personaje muy valioso, muy importante para la escena. Me refiero a Fernando López Mateos. A él hay que reconocerle algo que no sé si todo mundo sabe: cuando el Dr. Gerardo Estrada, director del Instituto Nacional de Bellas Artes en ese momento, convocó a quienes consideraba los hacedores más importantes de teatro en la región para un proyecto académico. Entonces se pensó en Luis Torner, Ángel Norzagaray que estaba en Mexicali, en Fernando Rodríguez Rojero que estaba en Ensenada, en mí que estaba en Tijuana, y también convocaron al propio Hugo Salcedo y a

Fernando, que ya estaba trabajando en el CECUT. Nos preguntó el Dr. Estrada: "¿Quieren hacer una compañía, un colegio, un centro de estudios? ¿Qué quieren hacer?" Lo que propusimos fue un centro de producción que tuviera una vertiente hacia la formación, o sea un centro académico vinculado a un centro de producción teatral. Pero no teníamos nada. Entonces Fernando dijo: "Yo aquí tengo un diplomado perfectamente armado" y lo puso sobre la mesa. Nos volteamos a ver y dijimos "Va, hay que apoyar al compañero, es el único que tiene tarea previa, ya hecha. Vamos a echar a andar esto y luego vemos qué hacemos". Así fue cómo se fundo el Centro de Artes Escénicas del Noroeste en 1993.

¿Qué otras personalidades recuerdas de esa época?

Dentro de las actrices que destacaron durante esa década, hay que mencionar necesariamente a Vicky Magaña, Isabel Rolón, Soco Tapia. De la generación de entonces, más joven, Edward Coward, Raquel Presa, más jovencito aún Carlos Valencia, que hoy es un actor como Dios manda, un estupendo actor, y muchos otros.

Al mismo tiempo estaban también los proyectos de Ángel Norzagaray en Mexicali, que arranca con Mexicali a secas y que me parece una de las experiencias escénicas más importantes y más poderosas de la época. También Fernando Rodríguez Rojero y Vicky, su esposa, en Ensenada, hicieron algunas cosas muy, muy, muy padres.

En aquellos días nosotros volteábamos también a Culiacán porque Óscar Liera fue nuestro amigo, nos daba mucho respaldo e impulso. Tenía vínculos generosos con todas las compañías y con todos los teatreros, fueran buenos o malos, hicieran el teatro que le gustaba o no. Era como abrazar a los colegas, algo que la verdad nosotros no sabíamos hacer. Hoy intento ser más generoso y aceptar que no somos tan diferentes, más allá de las diferencias estéticas, del discurso dramático, pero Óscar era así desde entonces: muy generoso, muy carismático y logró hacer una comunidad y además un teatro con energía propia. Lo que le vimos hacer con su grupo de TATUAS (Taller de Teatro de la Universidad Autónoma de Sinaloa) fue extraordinario. Recuerdo al maestro Vizcaíno diciendo "Si tuviéramos una tropa de actores como esa, otra cosa sería el teatro en Tijuana" porque estaba fascinado con lo que veía y yo creo que tenía que ver con los actores de Óscar, pero también tenía que ver con cómo estaban dirigidos, siempre con potencia, al límite de su capacidad. Nadie salía a pavonearse, salían con garra y esto hacía una tropa muy atractiva, muy interesante en todos sus montajes.

¿Cuándo conociste a Hebert?

Hebert era la joven estrella del taller de teatro de la Preparatoria Federal Lázaro Cárdenas, que dirigían los maestros Malena Huerta y Jaime Moreno. Aunque yo estudiaba en la misma escuela, nunca pertenecí a ese taller, preferí estudiar con Mario Martínez en el Centro Cultural de Tijuana (no se confunda con Centro Cultural Tijuana, CECUT). El Centro Cultural *de* Tijuana estaba en unas instalaciones bastante modestas en el boulevard Díaz Ordaz, luego nos mudamos a la Casa de la Cultura, donde yo fui parte de la primera generación de alumnos, más o menos por 1976. Cuando terminé mis estudios en Ciudad de México y regresé a Tijuana en 1982, tuve un reencuentro con Hebert. Formamos un laboratorio de teatro que funcionó durante algún tiempo en la Casa de la Cultura, donde estaban también Isabel Rolón, Magda Zúñiga, las bailarinas Soco Tapia, Lilián Tapia y Rosa Romero, así como el poeta Gilberto Zúñiga.

Yo era muy joven, recién egresado con mi licenciatura en Literatura Dramática y Teatro, traía referentes de algunas lecturas, pero era amigo de todos y había una horizontalidad no solamente como colegas sino también por edad.

En 1991 dirigí a Hebert en una de las cuatro historias de *En esta esquina*, aquella obra que monté arriba de un ring; era disciplinado y sobre todo muy divertido e irreverente; hacía todo desde la relajación y el humor. No era un actor sesudo y conflictuado, su detonador era el ingenio, su detonador venía de un espíritu lúdico. Yo nunca le vi el tormento del espíritu creador, tan común para unos artistas. Creo que él tenía otro ADN, uno más locuaz y juguetón que podía ser, por supuesto, adorable. Siempre lo vi en su triple función de actor, maestro y director. Me parece que hizo una labor importante como docente.

Lo considero un hijo del teatro, que lo vivía con mucho amor, pasión, compromiso. Como director hacía permanentemente gala de ingenio. Yo creo que él no estaba interesado en desmenuzar de manera crítica a la sociedad, no era esto lo que lo movía. Lo movía el gozo de contar historias ingeniosas, divertidas, lúdicas, a veces también con un contenido más profundo, pero no era exactamente lo que más le interesaba. Siento que su motor, su detonador era convocar al gozo. Hacía teatro como una especie de celebración, con sus amigos y no me parece que fuera un hombre atormentado, desubicado, desfasado. En eso me podría identificar con él, no creaba desde el dolor; es decir, no me parece que haya sido un ente escénico atrapado por la fuerza dionisíaca. Era más apolíneo, como yo mismo me considero.

IGNACIO FLORES DE LA LAMA es un director escénico, dramaturgo y docente tijuanense. Director del Centro de Artes Escénicas del Noroeste (1995-2000) en Tijuana y director de Casazul en la Ciudad de México durante casi veinte años. Actualmente reside en Mérida, Yucatán.

Los espacios cobran vida propia
Entrevista con Fernando López Mateos†

¿Qué nos podrías decir del movimiento teatral de Tijuana durante los noventa?

Llegué a Tijuana en 1990. Me tocó ver lo que se estaba haciendo entonces. Había tres o cuatro cabezas principales en la ciudad que tenían un trabajo más o menos constituido. Digo más o menos porque no era muy largo pero ya se estaba notando en los escenarios: en la Casa de la Cultura de Tijuana, en el teatro del Instituto Mexicano del Seguro Social, en el Centro Cultural Tijuana y en la Universidad Autónoma de Baja California.

Pero la historia empieza antes de que yo llegara. A mediados de la década de los ochenta empieza a despuntar el trabajo de algunos compañeros teatreros. Unos con una emergente tarea de producción y otros con un poco más de tiempo. Jorge Andrés Fernández en la Asociación Nacional de Actores (ANDA) llevó por muchos años la formación de gente que después se dedicó al teatro y que tiene sus propios discursos y sus propios trabajos individuales o de equipo. Por lo tanto, ahí hubo un primer semillero de trabajo que se enfocaba mucho en el terreno comercial.

Por otra parte, también llegó Ignacio Flores de la Lama, una vez que se había formado en la Universidad Nacional Autónoma de México. Empezó a trabajar con su dirección y su trabajo conceptual, empujando al Teatro Universidad sobre una línea más o menos continua a través de sus talleres. Hacia 1988, 89, 90, estaba en un muy buen momento. Digamos que fue uno de los que empujaron el crecimiento y el auge del teatro en la ciudad.

Dentro de la misma universidad estaba otro agente importante, con sus cosas diferenciadas a las del Teatro Universidad, que era el Taller de Teatro Clásico de la Universidad que dirigía Víctor Bazán de Savigni. Él también empujó varios trabajos interesantes en ese periodo. Entonces había en el mismo espacio fuerzas alternantes, solo que Teatro Universidad se volvió un poquito más abierto al público y sobre todo al público adolescente, porque las obras que se trabajan iban muy dirigidas a los jóvenes, mientras que las de Teatro Clásico eran más universales y un poco en el terreno de adultos.

Cuando hablamos de Jorge Andrés en la ANDA, buena parte del trabajo que él hacía fue porque logró una mancuerna interesante con el CECUT. Realizaron muchas obras para niños y adolescentes dentro del Programa de Teatro Escolar, algo muy importante porque el programa de promoción escolar duró muchos años como un baluarte muy importante de promoción del teatro hacia las escuelas. Pero también fue una mecánica donde teatreros, artistas, bailarines y músicos pactaban con la institución, que les ofrecía dar un número de funciones y esas funciones eran pagadas. Por lo tanto, fue un proyecto muy importante que ayudó y estimuló a muchos creadores para que trabajáramos con el programa para difundir nuestra labor.

Dentro de la Casa de la Cultura de Tijuana había también un maestro, Mario Martínez, que fue el maestro de maestros, importantísimo desde los años setenta. Aquí podemos hablar de que así como en la universidad empieza a haber ese grupo de gente interesante. En la Casa de la Cultura también aparecerán Enrique Nolasco y Hebert Axel González, quien se volvería una persona importantísima, años después, porque va a fundar escuela.

El hecho de que varios actores trabajaran en la Casa de la Cultura, asumiéndola como su casa, hacía que muchos de ellos mejoraran los espacios. Enrique Nolasco utilizó por primera vez un sótano de la Casa de la Cultura como salón de clases. Lamentablemente no lo usó mucho tiempo porque murió pronto.

Muchas veces la gente se olvida de los compañeros, porque no los conocieron o no nos visitaron o no nos caían bien. Yo con Enrique pude convivir varias veces. No digo que fuera mi amigazo pero fui a ver sus trabajos, incluso me invitó a ver los ensayos donde él trabajaba. Una vez fui crítico, le hice varias observaciones, y como que no le gustó y se enojó, pero eso no quitó que no nos pudiéramos llevar bien.

Alternativo a la ANDA y a los talleres de la universidad, Hebert surge en la Casa de la Cultura, dando sus talleres. Al tener tal constancia y mucha disciplina que pudo consolidar año con año, y teniendo un foro a lado, poco a poco pudo ir consolidando ese trabajo que se estaba dando a principios de los ochenta.

Como parte del desarrollo teatral en Baja California, que inició en los ochentas, debo mencionar algo que a mí me tocó todavía durante varios años en los noventa: el Festival de Los Desarraigados, organizado por Sául García Pacheco.

Recién llegado a Tijuana, participé en *Sinfonía en una botella*, de Hugo Salcedo, bajo la dirección de Ignacio Flores de la Lama. Después monté una obra infantil y de inmediato me invitaron al Festival de Los Desarraigados. Fue algo fantástico, era una fiesta del teatro, un evento sin precedentes que se organizaba cada año. Ellos eran muy queridos, muy trabajadores, muy comprometidos con las causas sociales. Por eso el festival siempre era gratuito para el público.

En los noventa me tocó hacer primero labor de estudioso, luego como maestro formador, al igual que Jorge Andrés y Hebert Axel. Bazán de Savigni dejó sus clases para empezar a hacer montajes. Al poco tiempo me tocó organizar una propuesta de formación teatral que fui trabajando desde el 1991, haciendo estudios de campo por toda la ciudad. Poco a poco descubrí lo que estaba pasando en Tijuana, al mismo tiempo que trabajaba con gente de distintas disciplinas y veía que era posible aglutinar a varios artistas en torno a un diplomado formal que pudiera ser avalado por una institución académica.

Lo propuse al Centro de Enseñanza Técnica y Superior (CETYS), a la Universidad iberoamericana, incluso lo platiqué con gente de las Secretaría de Educación Pública. En la UABC no me escucharon. Me decían, en pocas palabras, que todavía no era tiempo: "déjalo, ya llegará, ya lo demandará la gente". Pero yo siempre fui de la idea de que eso es falso, es una falacia. Cuando a la gente no le ofreces algo, no va por ello.

Fundé el Centro de Artes Escénicas del Noroeste el 29 de septiembre de 1993 y empezamos con el primer diplomado de teatro, que fue la contraparte, un poquito más profesional de todos los talleres que mencioné al principio.

¿Cuándo fue tu primer encuentro con Hebert?

Me lo presentaron cuando yo trabajaba en el CECUT. Llegué a ver varias de sus obras y me conecté con varios actores y actrices de su grupo como Manuel Villaseñor, Soco Tapia, Lilián Tapia, Carlos Corro, Isabel Rolón. Ya con el tiempo, me tocó participar actoralmente con él, cuando me pidió ser parte de uno de sus elencos en *Fuenteovejuna mató al director* en 1999.

¿Cómo describirías el método de Hebert como director?

Yo, como actor, puedo evaluar que Hebert era muy buen director, muy exigente a veces, extremadamente autoritario, con muchos detalles, con mucho desgaste innecesario. Cuando los actores tenemos cierta diferencia de formación y de entendimiento, de tablas y todo eso, de pronto es necesario decir: "Hebert, ya me dijiste eso tres veces, ya, ya, díselo a él pero avancemos acá conmigo porque…" Pero le gustaba que todo estuviera entendido, muy entendido, entonces decíamos "otra vez nos vamos a ir hasta las once, doce de la noche". Pero más allá de esos detalles era muy organizado, muy claro, muy preciso en lo que tenía que decir, en lo que tenía que hacer, en el desglose del trabajo por escenas.

Yo podría decir que no tengo quejas en ese sentido, porque todo actor que estuviera trabajando con él tenía que entender bien las cosas que estaba haciendo porque si no, no podíamos avanzar. Como director yo soy un poquito más relajado, procuro no estarle machacando veinte veces al actor; no me gusta, me canso. Yo apelo a la inteligencia de la gente, pero Hebert en ese sentido era bastante más colmilludo y necio. De esas partes necias que son necesarias alimentar en el teatro.

En una visión más amplia, ¿cómo verías el trabajo de Hebert?

Creo que hay dos etapas en su trabajo. Una que fue de trabajos escolares y que se quedaría como teatro amateur. Luego pude ser testigo de cómo fue evolucionando y cómo algunos de sus egresados, algunos de sus alumnos, hacían trabajos preciosos.

Para mí, uno de los trabajos que más me gustó fue su puesta en escena de *En altamar*, de Slawomir Mrozek. La montó con algunos de sus mejores alumnos (Adrián Vázquez, Claudia Ochoa y Carlos Corro), que al parecer acababan de terminar su ciclo como sus estudiantes y que estaban mucho más formados. Era un trabajo muy redondo, muy trabajado, un concepto de vestuario, de trabajo escénico totalmente metafórico sobre una caja grande que se movía como una lancha. Ese trabajo habla muy bien de ese espíritu perfeccionista, detallista, que tenía Hebert. Y siempre se lo dije "Este es el trabajo más bonito que te he visto".

Hebert promovía temporadas, o sea que una representación no se realizara una o cinco veces sino mas. ¿Tú qué opinas de eso?

Estoy totalmente de acuerdo. No se crea cultura hasta que no se crea la cultura de la temporada. Cuando hay ofertas artísticas cada fin de semana, la gente junta sus billetitos, se va programando: voy a ver esto y voy a ver lo otro. La gente poco a poco la va demandando. Pero si no hay oferta, si no hay conocimiento, nunca habrá demanda; la única manera de crear cultura son las temporadas.

Como Hebert fue maestro de la Casa de la Cultura, vio que buena parte del trabajo de otros maestros requería presentarse, hacerse más notorio, repetirse. Cuando le tocó dar clases y montar espectáculos en el Foro del Sótano, pudo llevar a cabo sus temporadas y esto lo aplaudimos todos. Empezó a empujar y a ganar terreno. Lamentablemente, el foro se cerró en 2009. Hebert llevaba trabajando ahí diecisiete años y me di cuenta de que tenía problemas con la directora de la Casa de la Cultura de ese momento.

Yo soy de la idea de que el beneficio de la gente está por encima de las diferencias que puedas tener con una persona. En la Casa de la Cultura, así como en el Instituto Municipal de Arte y Cultura (IMAC), ha habido mucha gente con muy poquito nivel de comprensión y de entendimiento de las prioridades que deben tener las instituciones.

Los espacios culturales van cobrando vida propia con el tiempo, y hay que respetarlos porque es el nicho donde se crean cosas, donde nacen cosas, donde se presentan cosas. Si no le vas a dar una alternativa para presentarse, entonces déjalos ahí, no los estés molestando, no los alteres. ¡A mí me importa un carajo que la directora piense lo que piense, el espacio se debe quedar, el espacio debe permanecer, debe acondicionarse mejor y darle presupuesto para que esto siga caminando!

El cierre del Foro del Sótano de la Casa de la Cultura de Tijuana es una pérdida muy dolorosa. Era ya uno de esos espacios que los teatreros hemos peleado porque se funden, porque crezcan, porque sean apoyados con presupuesto, con publicidad, con todo lo demás, y den albergue a muchos otros expositores de obras que van surgiendo en la ciudad y que necesitan un lugar donde presentarse.

FERNANDO LÓPEZ MATEOS (1959-2022) fue actor y director escénico. Obtuvo una maestría en la Universidad Estatal de San Diego y una licenciatura en Periodismo y Comunicación Colectiva en la UNAM. Director de la compañía Tropa de Dédalo. Director fundador del foro Loft, espacio de creación.

Un ambiente de motivación
Entrevista con Hugo Salcedo

¿Se podría hablar de un auge teatral en Baja California durante los noventa?

Los años noventa fueron una época donde la mirada de la escena nacional se volcó hacia muchas ciudades y Tijuana no fue la excepción. Había bastantes cosas que se estaban gestando como el trabajo de Jorge Andrés Fernández, Ignacio Flores de la Lama, con un ímpetu también muy grande derivado de su trabajo universitario; Fernando López Mateos que estaba recién llegado de la ciudad de México, yo mismo llegando de Jalisco. Digo estos nombre y se me quedan montón. Es una pena que no recuerde de repente tantos, pero cada quien y cada cual a su manera, y con sus ganas de hacer teatro en Tijuana, una ciudad muy abierta, muy dinámica, que marcó la pauta de muchas cosas.

De los años noventa, cabe destacar la apertura del Centro de Artes Escénicas del Noroeste y nuestra organización de coloquios dentro la UABC que incluía académicos investigadores de México y Estados Unidos. A partir de estos eventos, un montón de cosas que se veían, que se respiraban, fueron puntos de confluencia, sumado por supuesto a quienes ya estaban ahí haciendo la escena desde antes.

Vale la pena marcar el hecho de que se abre la carrera de teatro dentro de la UABC y eso permitirá profesionalizar la actividad a la vez de que algunas personas, sienten la necesidad de seguirse preparando y empiezan a moverse. Mi lectura es que todo aquello que se estaba cocinando en Tijuana comienza a tener una vinculación con el exterior y le regresa también la marca de lo que se había estado haciendo antes.

El teatro en Baja California, en los años noventa, tiene que ver con un ambiente de motivación para las artes de la escena y esto en alguna medida fue generado, precisamente, por la obtención del premio internacional Tirso de Molina de España, que se le otorgó a un joven de 25 años y que como parte del premio incluía, además de la publicación y el estímulo en metálico, la coproducción de la obra en el país de origen del autor. Me estoy refiriendo a *El viaje de los cantores*, una obra que yo presenté a ese concurso y que ganó el premio en diciembre de 1989. En enero del 90 se haría una presentación y una premiación en Tijuana y luego se haría otra en Ciudad de México. La coproducción de este montaje estuvo a cargo del INBA y su Compañía Nacional de Teatro.

Comenzaron ensayos muy rápido en 1990 en la Ciudad de México y la obra se estrenó en septiembre. Se hizo una gira por Baja California. En Mexicali se presentó en el Teatro del Estado, estuvo también en el Teatro Universitario de Ensenada y remató en el foro del Centro Cultural Tijuana. El montaje fue realmente espectacular, la coproducción de muy buen nivel. La iluminación fue de Alejandro Luna, el vestuario de Torita Figueroa, invitamos a Ángel Norzagaray para que fuera el director de escena y la escenografía fue de Jean Hendrix. Fue un montaje ciertamente muy memorable.

Esta dinámica propició también que Alejandro Aura, este importantísimo poeta, dramaturgo y director de escena, quisiera estar más de continuo en Baja California y entonces se hizo un acuerdo para que el Centro Cultural Tijuana, en 1990 también, llevara a cabo la producción de otra obra de mi autoría: *Sinfonía en una botella*, para la que, en principio, estaba invitado como codirector Jorge Andrés Fernández; pero por algunas circunstancias no pudo avanzar. Se invitó al maestro

Ignacio Flores de la Lama, quien hizo funciones en el Centro Cultural Tijuana también. Luego en la Ciudad de México y se llevó varios premios. Entre las personas que participaban en aquel montaje recuerdo, por ejemplo, a Soco Tapia, Raquel Presa y a otros muchos. Con esta obra se emulaba un día de la vida cotidiana del cruce entre Tijuana y San Ysidro. En aquellos años noventa, ya pasado el primer lustro hay que tener en cuenta el afortunado regreso de Dora Arreola, que ya venía de su gratísima experiencia con Eugenio Barba y venía con todo: a impartir talleres, cursos, entrenamientos, con la disciplina que ha caracterizado a esta importantísima creadora. Al lado también de personas tan importantes como ella, está Max Mejía, un activista que luchó desde siempre a favor de la equidad, de la tolerancia a las diversidades, de las manifestaciones de las diversidades a partir de diferentes espacios y en diferentes foros, organizando festivales, y como actor. Tuve la fortuna, en los noventa, de dirigir con él una adaptación de la obra poética de Abigael Bohórquez, *Poesida*, que estrenamos en la Casa de la Cultura, y por la que tuvimos por ahí un conato de censura. Luego dimos funciones en la Ciudad de México, en el Museo del Chopo; también hicimos representaciones en Sonora, estado de origen de Abigael Bohórquez y en varios festivales de Baja California, en Tijuana, incluso en foros poco convencionales como el famoso Mike's, una disco gay que estaba en la avenida Revolución y Calle Sexta.

Entre el CECUT y el Centro de Artes Escénicas del Noroeste se desarrollaron unos encuentros de teatro que sirvieron como mirador de la escena nacional a través de montajes; pero también se organizaron algunas mesas más académicas y enfocadas a la difusión cultural, así como algunos homenajes que yo coordine. El primero de ellos fue al maestro Emilio Carballido, al año siguiente se hizo con la figura de la maestra Luisa Josefina Hernández, que no pudo estar presente, y al año posterior al maestro Héctor Mendoza. Esos encuentros y estos homenajes sirvieron para hacer énfasis en la dinámica del teatro, de las artes escénicas, para que estuviera en relación mucho más estrecha con el público. También, como parte de otras actividades del Centro de Artes Escénicas del Noroeste, organicé la Jornada Internacional de Teatro Contemporáneo, una idea que trataba de poner en perspectiva la figura y las producciones de algún personaje destacado de la escena mundial. En esa primera edición, hacia finales de los noventa, tomamos a la figura y obra de Bernard-Marie Koltès, un importante dramaturgo que había fallecido hacía diez años y que no se conocía en México; con la autorización de los herederos de Koltès, solicité la traducción directa del francés. Se publicaron, por parte de las ediciones CAEN, obras breves: *En la soledad en los campos de algodón* y *Tabataba*, que yo dirigí y estrené en español, a nivel mundial, en el sótano del Centro Cultural Tijuana; un espacio en donde posteriormente aparecería Edward Coward, cuyo trabajo fue muy motivador y convocó a la crítica, y que sirvió también para ir colocando estos pilares de lo que sucedió en nuestro teatro de los años noventa.

Ya en los dos mil creo que vale la pena mencionar, para ir concluyendo este recuento, la realización de la Muestra Nacional de Teatro que tuvo como sede la ciudad de Tijuana. Esta era una manera observar el pulso de los eventos de la escena teatral de México y eso indudablemente redunda en la formación de nuevas audiencias y nuevos públicos. En contrapunto a lo que se había logrado, hay que mencionar que en los primeros años de los dos miles se dio la clausura del Centro de Artes Escénicas del Noroeste, que va a frenar todo este ímpetu, estas voluntades de hacer un trabajo colectivo, conjunto, en equipo. A la par de ello, la UABC va a tomar la batuta en su apuesta por la profesionalización de las artes, en particular con el teatro. Para concluir, quisiera mencionar que también en los primeros años de los dos miles se obtuvieron los primeros ingresos al Sistema Nacional de Creadores de Arte; que sirvieron como un refrendo de la calidad del quehacer teatral en la localidad y en el estado. Creo que el ingreso a las grandes ligas, que es el SNCA, permite visualizar las aportaciones que desde la escena local se habían estado facturando y que en ventura siguen haciendo todavía propuestas interesantes.

¿Cómo se dio tu colaboración con la Compañía del Sótano?

Fue a mitad de los años noventa, en la Casa de la Cultura de Tijuana, porque Hebert me invitó a la develación de una placa de la obra *Siempre dije que no*. Al momento de estar ahí, viendo la función, me pareció que había mucho talento y mucha capacidad de poder hacer un trabajo conjunto, de proponer un texto y ahí mismo, en esa presentación, le propuse escribir un texto para la Compañía del Sótano.

Me aventuré a trabajar con algo que se llamó *5 y 10* y que se estrenó en el teatro de la Casa de la Cultura. Luego yo le cambiaría de nombre para permitir que la obra se leyera en otros contextos; hoy la obra se llama *Boulevard* y se publicó en una revista de Estados Unidos, en la revista Gestos de la Universidad de Irvine. También la publicamos en el primer número de la colección de teatro del norte, aparece ahí con la dedicatoria para Hebert y su grupo.

¿Y qué opinas del montaje que realizó Hebert?

El resultado fue muy aclamado, la obra tuvo posibilidad de viajar al Festival de las Fronteras, creo que eso fue en Ciudad Juárez. Se dieron más funciones, incluso llegamos a presentarla en el Centro Cultural Tijuana, en algún evento al que fue la obra invitada. Estas invitaciones surgieron a raíz de lo que había en escena, que era un montaje muy fresco. Se trata de una obra que incorporaba una circunstancia alegórica de lo que pasa hipotéticamente un buen día en el crucero tan conocido de Tijuana, marcado por la juventud y el vigor y la garra del grupo de actrices y actores que formaban el elenco, un elenco muy grande: Adrián Vázquez, Rigoberto Montijo, Carlos Corro, unas chicas muy capaces que también estaban ahí involucradas. Fue un montaje con bastante aplomo, con bastante presencia, con una escenografía que se movía, que emulaba el puente peatonal que existía en ese entonces en el crucero de Tijuana que todavía llaman 5 y 10. El movimiento del puente marcaba los diferentes espacios para la acción.

Me agradó la lectura que hizo Hebert de la obra porque se iba muy rápido, el texto no tenía tropiezos, el movimiento era muy dinámico, había entradas y salidas todo el tiempo. Creo que una característica del teatro de Hebert era que tenía una dinámica, era muy vivo, era muy simpático, tenía chispa y sabía conectar sin problema con el espectador.

Hebert para mí fue una persona completamente abierta, vital, lúdica. Todavía tengo de él una imagen siempre sonriente, crítica con el contexto, beligerante y, sobre todo, me siento muy agradecido de haberme formado con él, de haber visto algún texto mío en escena fabricado para su compañía. Además recuerdo la vida cotidiana, una vida completamente desenfadada pero con rigor y disciplina. Desenfada en el sentido de animosidad, de franco cariño, de visitas a casa, de largas charlas, de jornadas muy largas de compartir y departir. Todo esto hizo que mi estancia en Tijuana fuera todavía mucho más grata. Hebert para mí representa una manera muy amistosa de hacer la profesión, de compartir escenarios, de compartir derrotero. Y esa imagen siempre festiva, siempre alegre, es la que me resulta totalmente viva.

HUGO SALCEDO LARIOS es dramaturgo y director escénico. Tiene un posgrado por la Universidad Autónoma de Barcelona y un doctorado en Filología por la Universidad Complutense de Madrid. Ha sido sido distinguido con el Premio de Teatro Iberoamericano Tirso de Molina por su obra *El viaje de los cantores*, entre otros reconocimientos internacionales.

IV
TESTIMONIOS

Luis Felipe Cota durante su entrevista en la Casa de la Cultura de Tijuana (2021). Foto tomada del documental.

Luz en el escenario
Luis Felipe Cota Fregozo

Hablar de Hebert Axel es ver luz y claridad. Son pocos los seres humanos que transmiten tanta belleza. Y ahora que físicamente no está, su legado nos sigue iluminando. No es raro que el teatro se hubiera convertido en la manera ideal que él tuvo para transmitir, organizar y expresar ideas.

Hebert tenía una capacidad para contagiar arte y belleza, y ahora que lo recuerdo sigo viendo esa luz. El teatro se adecuó de manera perfecta, a través de la palabra escrita, la luz y la expresión corporal, para dar claridad a quienes vimos sus obras.

Supo encontrar los espacios alternativos para desbordar de creatividad el escenario. Y supo reflejar la idiosincrasia de la frontera en las obras que escenificó con un gran sentido del uso del lenguaje y las expresiones en donde se refleja la esencia del ser humano en este lugar.

Vimos un reflejo de lo que somos en sociedad y la manera en que soñamos y ahí estaban el tío, el padre, el hijo, la tía, la esposa, la hermana, el todo del tejido social que nos permite vernos y descubrirnos.

Y sí, así tuvimos más conciencia de nuestro espacio y del teatro, esa literatura de tres dimensiones que nos provoca empatía y nos obliga, con creatividad, a salir de una presentación renovados de cuerpo y espíritu.

Hebert Axel tenía el sentido de la comunidad. Dirigía para escenificar historias y las contaba así de esa manera infinita que tiene la magia del teatro para unificar y hacernos conscientes de nuestro espacio social para observarlo. Hebert Axel iluminaba la mente del espectador.

Buscaba y encontraba la manera de hacerte parte de lo escenificado al mismo tiempo que formaba a quienes dirigía para que supieran cómo pisar el escenario y no perderse como Ícaro en esa luz que todo lo consume. Porque el escenario es grande cuando no tienes el trazo correcto. Es un bosque en donde hay que tener un guía. Hebert Axel supo convertirse en el Dédalo de nuestra dramaturgia y con su ejemplo y dirección formó nuevas generaciones de apasionados por ver y hacer teatro. Tal vez no es casualidad y por eso lo vi transformado en un Arcángel en *La Campesinela,* luchando a cuerpo y espada contra el demonio.

Pero también supo ayudar y motivar a los demás para ser mejores personas y, a través del arte, trascender en lo cotidiano y redescubrir la plenitud de la esencia humana, esa que busca la perfección, y me atrevo a decir que hasta de manera espiritual: ser sensibles a lo que no se ve, a eso otro que se percibe con el silencio y la contemplación.

Su papel como funcionario público fue también una extensión de su habilidad para organizar y coordinar los medios que permitieran acercar la educación a los demás, para que cada quien encuentre su voz para expresar su visión del universo.

Creó espacios que permitían a los demás acceder a las herramientas necesarias en todas las artes y en particular para crear actores y hacer de las temporadas de teatro algo común en nuestro horizonte cultural. Ese fue uno de los propósitos más importantes que Hebert Axel cumplió en aquellos años, en los que, con sus puestas en escena, nos sorprendió y pudimos apreciar la creatividad con que se puede hablar, sentir, pensar y comunicar en comunidad.

Ahora que lo recuerdo veo su sonrisa y su luz, y siento que cada vez que vea una obra local voy a recordar a aquel pionero del teatro de Tijuana que me abrió los ojos para descubrir la belleza de los demás, como espectador, como artista y como persona plena, y para ser parte de una comunidad que crece yestá en constante desarrollo, como nuestra ciudad de Tijuana.

Qué bien que nuestra ciudad tenga el privilegio de contar con personas que con su ejemplo y dedicación encuentran la manera no solo de transmitir ideas que nos unen, sino también de abrirnos los ojos para observar con empatía y sencillez la verdadera esencia del ser humano y vivir.

Por algo lo vi convertido en un Arcángel. Dicen que Dios no pide permiso para actuar y a él casi sin saberlo lo transformó en un ser alado que quiso transformar el universo.

LUIS FELIPE COTA FREGOZO es periodista y fotógrafo, egresado de la licenciatura de Lengua y Literatura Hispanoamericana de la UABC. Ha escrito crónicas, entrevistado y fotografiado a los más destacados exponentes del rock en español. Desde 2019 es fotógrafo oficial del equipo de Comunicación Social del Ayuntamiento de Tijuana.

Carlos Puentes durante su entrevista en la Casa de la Cultura de Tijuana (2021). Foto tomada del documental.

La conexión personal
Carlos Puentes

Trabajar como actor en la obra *Ramón y Cornelio* representa uno de los más grandes honores que me hizo Hebert.

CARLOS: Gracias por la invitación, pero no estoy familiarizado con el personaje.

HEBERT: Papá, trae lo que puedas de aquí a mañana que será nuestro primer ensayo. Subraya las cosas que tienes en común con el personaje.

CARLOS (*al día siguiente*): No tenemos nada en común, nada.

HEBERT (*sonriendo*): Vas a ver que sí. Me voy a encargar de hacértelo ver. El texto es un presente y quizás puedas ver el futuro para poder interpretarlo, pero ayudará ver su pasado y vas a ver que tienen muchas cosas en común, cómo piensas y cómo sientes. Eso es importante para poderlo proyectar. Porque si tú no sientes primero, no vas a poder hacer sentir a nadie. No se trata de fingir, se trata de ser.

Para mí significó mucho porque el trabajo que llegó a hacer conmigo para incorporarme al proyecto fue personal. Me hizo ver las formas de pensar, de sentir, filosofía, creencias. Me hizo ver incluso una parte de mí y que regularmente no tomaba en cuenta para aportar al personaje.

Trabajar con Hebert siempre fue divertido. Si algo puedo confirmar es que con él nunca hubo momentos aburridos. Algo que me gustaba de su forma de ser y su dirección era que para él no existía el estilo autocrático, permitía a los alumnos proponer el personaje. Era un requisito indispensable. Siempre hizo claro eso: "Te voy a dar la guía hasta aquí y es lo mínimo que voy a requerir de ti, pero a partir de ese momento en adelante yo necesito ese extra. Tú dices cuándo me lo vas a dar, pero lo espero". Eso se puede ver en todos aquellos que han sido alumnos de Hebert, no tienen miedo a proponer, siempre traen algo bajo la manga.

Muchos directores no permiten eso, sobre todo en el trazo escénico. Lo permiten más en el personaje porque se trata de pensar, sentir, hacer reaccionar. Hebert dejaba que propusieras incluso en los movimientos, te decía: "Yo te di el trazo así, pero déjame ver tu propuesta". Me dejaba ver al personaje de una forma que yo nunca lo visualicé. "Diviértanse, vivan al personaje. No pretendan serlo, vívanlo".

Creía en la conexión personal. Decía que era la única forma que nosotros podíamos abordar a un personaje. Desde el momento que tú tienes ese sentido humano despierto, puedes hacer *click* con el personaje que está contigo.

Cuando llegaba tarde, te hacía partícipe siempre de lo que le había sucedido. Y no por la onda de darte una explicación sino para involucrarte en su estado emocional. Siempre te decía si pasaba por una circunstancia negativa y aunque llegara indignado te decía cuál fue la circunstancia. Igual si le pasó algo grato. Si llegaba sonriendo, también te lo compartía.

Yo no llegué a conocer un solo elemento que trabajó con Hebert que no haya sido su amigo. Parte de la costumbre en ese entonces era que veíamos a un director con un sentido de que "yo soy el mero mero, soy el que dice, soy el que manda y nadie me pone un pero". Con Hebert nunca existió eso; al contrario: "Sé que tu mundo es diferente al mío, pero si me compartes de tu mundo, yo puedo llegar a entender y a comprender".

Se aceptaba a sí mismo y se disfrutaba. No importaba que estuviera estresado, siempre tenía un chiste a flor de labios.

Siempre buscaba la forma de convertir algo negativo en positivo. Yo lo hago como docente y como director ahora también.

Hebert me ayudó a expandirme, a pensar un poquito más abiertamente y pensar que el aspecto de crecimiento no es solamente del director al alumno o a los actores, es una retroalimentación.

Es por eso que siempre lo vi como uno de los más grandes maestros de Tijuana. Espero que haya sabido que siempre le estaré agradecido.

CARLOS PUENTES VILLANES es actor y director escénico. Arquitecto egresado del Instituto Tecnológico de Tijuana y actor egresado del Taller de Actores para Television del Centro de Artes Escénicas del Noroeste. Ha sido dirigido por una treintena de reconocidos directores y participado en mas de 120 puestas en escena. También es docente en la formacion de actores.

Guillermo Arreola durante su lectura de *Pulmonar*
en la Casa de la Cultura de Tijuana (2021).
Foto tomada del documental.

PULMONAR
Guillermo Arreola

Y la veo sentada en el suelo contraer el cuerpo al toser y luego vomitar un líquido pardusco. Intento aproximarme a ella y ella me indica distancia alargando un brazo. Minutos después se acerca, arrastrándose, hasta una pared y ahí recarga la espalda. Sigue tosiendo. La tos la dobla por el vientre, la golpea, la aplasta. Salgo de la habitación para ir por un vaso de agua, regreso y le ofrezco el líquido, me dice que no con un movimiento de la cabeza; el cuerpo trémulo de tanto toser, y entre tosido y tosido se deja caer por completo en el suelo, enseguida repta y yace, repta y yace, y de vez en vez levanta la vista y me mira con desolación y quizá con vergüenza. Y yo pienso un pensamiento aciago y ominosos pájaros devoran su pecho.

***

Mira, esos dos indigentes, traen sus tapabocas y las manos forradas con papel periódico, y ya dijeron que ellos sí se quedan en su casa de siempre: la calle.

Se quedan en casa, su ruleta rusa de todos los días.

Un campo minado en versión particular.

La noción de una casa. La noción de una vida. La noción de un hogar fundado a la intemperie.

***

215

Que su salud ha sufrido un gran deterioro. Que está delicado. Que lo acaban de intubar. Que no saben cuál es su estatus de comorbilidad. Que tenía una tos daguera. Que no hizo caso de las medidas de prevención. Que pasa de los sesenta. Que era un fumador empedernido. Que siguió al pie de la letra todas las recomendaciones sanitarias. Que aún respira por sí mismo. Que pudo haber contagiado a otros. Que no tuvo tos y sí una fiebre constante. Que siempre fue muy sano. Que ni siquiera fumaba. Que tomó la precaución de no convivir con nadie desde que dio inicio la cuarentena. Que no llega ni a los cincuenta. Que qué pena. Que la va a librar. Que como no le hicieron la prueba todo se complicó. Que en un principio no presentó síntoma alguno. Que su vida pende de un respirador.

Que en determinado momento todos, todos podríamos arrastrarnos por esta vida. Que morimos.

***

Complete los espacios vacíos con el nombre de los declarantes:

¿Qué le diría a los estadounidenses que están asustados por el coronavirus? Les diría que eres muy mal reportero y que la pregunta que acabas de hacer es pobre. Millones de estadounidenses están buscando respuestas al coronavirus y tú vienes con noticias sensacionalistas.

_____

//La gente pronto verá que fueron engañados por estos gobernadores y por gran parte de los medios de comunicación cuando se trata de coronavirus. El coronavirus es apenas una gripita o resfriado. Va a morir gente, lo siento, pero no podemos parar una fábrica porque hay accidentes de tránsito.

_____

//Si pueden hacerlo y tienen posibilidad económica pues sigan llevando a la familia a comer a los restaurantes.

//El coronavirus es obra de Dios para castigar a los países que nos han impuesto sanciones.

//Estuve en un hospital la otra noche donde creo que había pacientes con coronavirus y les estreché la mano a todos.

//No hay virus por aquí. No se les ha visto volar ¿o sí?

Ahora, adjetive este pensamiento:

Lo tenemos controlado. Es una persona que viene de China. No va a pasar nada// Lávense las manos el tiempo que dura cantar dos veces el *Cumpleaños feliz*// Hay que estudiar al brasileño. No se contagia de nada//Detente enemigo, que el corazón de Jesús está conmigo//No lo entiendo. No hay virus aquí. ¿Lo ves volando por aquí? Yo tampoco lo veo.

***

Dice que tuvo que comprar unos trajes especiales para cuando tuvieran fallecidos por COVID-19. Dice que cada traje cuesta 400 pesos y que cuando termine el servicio lo tiene que tirar. Dice que ya se midió uno y que se mira tan guapo que hasta parece astronauta. Tú vas a ser el único intermediario entre el fallecido y el destino final de su cuerpo; eres el punto neutral, dice que le dijeron; representas la soledad del muerto en grado cero. Eres el que trasladará y ayudará a sepultar los cuerpos. Cuando tengas que transportar una de esas bolsas, perfectamente sellada, no pienses en que ahí hay un cuerpo, piensa en otra cosa, acuérdate que un cuerpo está hecho de partículas y átomos y que todo eso no es más que puro vacío.

Habrá constancia fotográfica. Tú y dos o tres de tus compañeros deslizando los cuerpos en bolsas, depositándolos en cajas, o en fosas comunes. Sus trajes, como de astronautas, blanqueando en un atardecer lóbrego y con el cielo greco martilleando de oscuro.

***

Llegaron a sanitizar el lugar de mi trabajo. Desinfectaron los sitios donde estuvo la persona que dio positivo, los objetos que pudo haber tocado: computadoras, mesas, sillas, tazas, botellas de agua; entraron a los baños y los dejaron hechos un paisaje de neblinas. Lo malo es que al resto de los trabajadores no nos informan nada para que tomemos medidas más estrictas cuando lleguemos a nuestras casas. Nos dijeron que no pasaba nada. Que la persona que salió positivo solo estaba un poco indispuesta.

***

Lo que tienes que hacer es diversificar tu patrimonio. Compra dólares; no muchos, solo unos cuantos, como pensando en que podrías necesitarlos para escapar, aunque no tengas adónde. Luego hazte de unos centenarios. Vas al Banco de México o una casa de cambio en el aeropuerto. Les dices: "quiero cinco centenarios". Los compras, te vas a tu casa y los escondes en el lugar más recóndito. Tienes que establecer el umbral de aceptación de lo que ya se vislumbra. La pandemia se va a propagar a la misma velocidad, si no es que mayor, de la realidad virtual. El coronavirus es el método con que se establecerá un nuevo orden mundial. Piensa en que no te contagiarás, piensa en que te contagiarás; tienes que admitir el umbral de incertidumbre. Sea lo uno o lo otro toma tus precauciones económicas frente a un orden mundial que ya va de salida y le está abriendo la puerta a otro, nuevo, complicado, pero también con sobrantes de esperanza.

***

Me levanté un momento de mi asiento para estirar el cuerpo. Me acerqué hasta la ventana de vidrio y me puse a mirar a la calle. Del otro lado del vidrio volaba una mosca y me le quedé viendo. En menos de tres minutos llegó a mi lado un guardia, que mandó mi supervisor, y me ofreció gel antibacterial y me tomó la temperatura con uno de esos termómetros de pistola.

Pensé: ¿cómo se le tomará la temperatura al tiempo que vivimos? No se me ocurrió otra respuesta más que la palabra muerte.

***

El 3 de abril me manda mi amigo de Tijuana, Hebert Axel González, un mensaje de saludo por Whatsapp. Respondo que estoy bien. "¿Y tú?", pregunto. Me contesta: "Estuve muy asustado". Y agrega: "¿Y si mejor te marco y hablamos y así me acompañas a lavar los platos?". Cinco minutos después suena mi teléfono. Insiste en preguntarme sobre mi estado de salud. Bromeo y digo que estuve mal pero se me quitó con una pastilla Halls. Entonces él me cuenta que estuvo muy asustado porque le dio tos; pero que consultó a un médico y éste le dijo que puesto que la tos no era una tos seca y además estaba expulsando flemas descartaba la posibilidad de contagio por COVID-19 pues tener flemas, le dijo, no era síntoma de la enfermedad. En los dos días posteriores por whatsapp intercambiamos saludos, memes, una cumbia alusiva al virus. El 11 de abril me habla una amiga para decirme que se ha enterado de que mi amigo está hospitalizado en un nosocomio de Tijuana. Intento localizar a algún familiar de Hebert Axel y no lo consigo. Por la noche de ese día hablo con otra amiga de allá y ella amablemente me ofrece intentar informarse. Al día siguiente, me escribe mi amiga de Tijuana: "he podido averiguar que se encuentra delicado pero respira por sí mismo". Avanza el tiempo sin poder poner tregua al peso de lo real. El 14 de abril por la noche, recibo un nuevo mensaje: "Me acaban de avisar que tuvo un deterioro general. Está entubado".

***

El señor que vende herrajes en un local del primer piso del edificio donde trabajo se quedó, como la mayoría de quienes se dedican al comercio, sin a quién poder venderle sus productos. A pesar de la disposición gubernamental para que todos los comercios se cerraran, él continuó ofreciendo sus accesorios. Colocó un equipal afuera de la puerta de entrada al edificio. "Vendo herrajes", decía en voz baja a la ya poca gente que transitaba por la calle, e intentaba repartirles un volantito. Día tras día yo lo veía meter el equipal y entrar a su local tras seis u ocho horas de permanecer sentado afuera en la calle. "Nada", me decía al pasar cerca de mí. Finalmente, un día lo vi salir sin su equipal. "¿Hoy no va a vender?", le pregunté. Empezó a toser, una tos seca, polvorienta, después de que me respondió: "ya no". Lo vi caminar y alejarse por el pasillo que conduce a la calle. Ya no ha vuelto. Hace dos días vinieron a buscarlo de una funeraria. Les hice saber que no estaba y ya había cerrado su comercio. Me preguntaron si sabía en dónde se le podía localizar. Respondí que no. Pregunté para qué lo buscaban. Me dijeron que para hacerle un encargo de cierres. "¿Cierres", pregunté. "Sí, cierres para colocar en bolsas", me respondieron, "bolsas para meter cuerpos".

Trato de recordar las veces que pasaba cerca mí llevando su equipal para instalarse afuera en la calle. Siempre me decía: "A darle". Yo le decía: "¿por qué mejor no se va a su casa?". Me respondía: "¿Y qué hago? Esto es mi vida. Hierro, cobre y níquel".

"Hierro, cobre y níquel", recuerdo que me decía. Lo recuerdo mientras intento calcular qué distancia había entre él y yo en aquellos días. Soy el guardia de este edificio y para acabarla de amolar soy diabético.

***

Con gran disposición empecé la cuarentena. Creí que no me sería difícil entrar en reclusión, pues soy dada a la soledad y en cierta medida al aislamiento. No pasó mucho tiempo para entender que no es lo mismo soledad por elección que soledad impuesta. A los pocos días dejé de tener apetito y empecé a experimentar una especie de desorientación en el interior de mi propia casa. En una ocasión, me desperté en la madrugada para ir al baño y terminé en la cocina. Mi vista tarda en aceptar que ahora piso y techo son las únicas posibilidades de conectar mi cuerpo con tierra y cielo. Antes de llamarte, estaba en la sala y claramente pude ver que las paredes comenzaban a moverse como si fueran a juntarse.

Mi casa tiene dos habitaciones, una cocina, una sala y un baño. En estos días de encierro se ha modificado mi percepción sobre su tamaño. A veces pareciera tener la dimensión de un castillo; otras, la de una celda. Sea como sea, de lo único que tengo certeza es de que se me ha convertido en un laberinto.

***

La primera vez que vi a mi amigo Hebert Axel en el escenario fue en una adaptación del romance *Thamar y Amnón,* de Federico García Lorca. Interpretaba a Amnón, por supuesto; aunque tiempo después me confió que en realidad le hubiera gustado interpretar a Thamar. ¿Por qué?, le pregunté. Porque la doncella Thamar sueña con pájaros en su garganta y canta desnuda en una terraza.

***

Los cubrebocas, lavados con cloro, cuelgan ya en el tendedero. La madre llama a todos a desayunar. Los niños y el abuelo se sientan a la mesa; en el centro, un tarro de antibacterial. El abuelo se queda mirando fijamente las burbujas cristalinas que se han formado en el gel. De pronto dice: "Hablando en plata, hay que dejar que la pandemia haga su chamba, que regenere al mundo sin caos económicos, ya sé que muchos seríamos los que moriríamos, millones y millones, obesos, cardíacos o diabéticos, pero sobre todo viejos. Imagínense: después de la limpia ¡un mundo nuevo y selecto! Las fábricas se llenarían solo con jóvenes rebosantes de salud. Este planeta nos está diciendo: basta, ya son muchos, cabrones. ¿Por qué no hacen caso de lo que la naturaleza ha decidido? Hablando en plata...", repitió el abuelo.

***

Nos tocó el alto en la calle Artículo 123 con Humboldt. En una de las esquinas estaban, sentados algunos, otros de pie, pero amontonados, niños, adolescentes y adultos: en el suelo un hombre sin piernas se arrastraba; tenía el rostro descarapelado y sanguinolento, como si se lo hubiera restregado contra el asfalto; se arrastraba y gemía; se arrastraba como si al mismo tiempo intentara hacer un crol. Cerca de él un perrito pirueteaba y movía la cola. Hubo un momento en que el hombre abrió la boca lo más que pudo, como si hubiera pegado un alarido sin sonoridad, parecía agonizar; la boca: una cueva, un hoyo, El grito.

Los transeúntes, con cubrebocas la mayoría, iban y venían, iban y venían sin bajar la vista. El semáforo cambió a verde, pisaste el acelerador. Junto a nuestro carro pasó una patrulla con altavoz: "Estamos en alerta sanitaria, por lo que se invita a la ciudadanía a retirarse de las calles y mantenerse dentro de sus domicilios para evitar contagios".

Ya en casa, me estaba quitando el cubrebocas y los guantes cuando recordé el rostro sanguinolento. Recordé la pintura El grito. "Es viernes santo", pensé, "hasta el mismo Jesucristo pudo haber bajado hoy de la cruz y pudo haber andado por las calles, y nosotros sin darnos cuenta por atender la emergencia sanitaria". Rostro sanguinolento, a rastras, el grito, su grito, la sana distancia entre el mundo y Dios.

***

Que alguna vez el agua se convirtió en sangre. Que también hubo una plaga de langostas y un cielo de un color negro en movimiento. Que en otra ocasión, campos y ciudades se cubrieron de ranas e insectos. Que en un tiempo el fuego y el granizo sirvieron de escenario a la pestilencia.

Que en determinado momento se oyó la voz de lo invisible: "haré que la peste se te quede pegada hasta que te haya exterminado de sobre el suelo al cual vas para tomar posesión de él. Te heriré con tisis y fiebre ardiente, de inflamación y calor febril".

Que ahora solo alumbra y quema la luz de lo invisible. Que el miedo crece al acortarse las distancias. Que mueres.

***

Doce mil metros de cierre textil. Doce mil metros de cierre para hacer bolsas. ¿Para cuántos cuerpos alcanzarán doce mil metros de cierre?, ¿cuántas bolsas se manufacturarán con doce mil metros de cierre? Doce mil metros de cierre para sellar sus cuerpos vueltos campos de batallas perdidas.

***

Ya conseguí mascarillas N95 en el mercado negro. ¿Quieres que te envíe un par? Ya me compré de contrabando estos insumos. Ya no es necesario seguir utilizando toallas sanitarias femeninas para cubrirme la boca; ya no tengo que andar haciendo mascarillas con calcetines y poniéndome paliacates. Ya solo me falta darle un marco teórico a la malignidad del virus.

***

El 17 de abril me llega un mensaje sobre el estado de salud de mi amigo: "Al parecer, Hebert está reaccionando favorablemente al tratamiento". El sábado 18 recibo otro: "Me he enterado que tu amigo no está reaccionando a los medicamentos". El domingo 19, un mensaje por whatsapp de parte de una hermana mía: "Me acabo de enterar. Lo lamento muchísimo". Ocurrió, pensé, ya ocurrió, se ha marchado. Aparté la vista del celular. Se partió en dos el día. "Falleció", dije al amigo que conducía el auto y a la amiga que nos acompañaba en el asiento trasero. Ninguno de los dos dijo nada. Miré a través de la ventanilla mientras avanzábamos hacia la montaña, hacia el pueblo en la montaña, Real del Monte, ahora monte calvario de la memoria, cielo greco martilleando azul oscuro. Todo estalla en un respiro: el primer acto, *Thamar y Amnón*, Tijuana, México, y esa cosa llamada amistad. El mundo completo recién coronado por un virus, un umbral del morir. *La peste*, de Camus y *La muerte en Venecia*, de Mann. *El ángel exterminador*, de Buñuel. Un río de féretros en Bérgamo, hospitales saturados en Madrid, fosas comunes en la isla Hart de Nueva York. El arcángel Gabriel y pájaros en la garganta.

Él salió de casa un día para no volver.

Tose, se dobla, yergue el cuerpo, se deja caer, se incorpora, y la vida cae, cae, cae y el aliento se arrastra y repta, repta y asciende, y tú desapareces y vuelas ya hacia el infinito.

****

¿Te acuerdas de la pandemia del año 2020?, ¿de aquel confinamiento durante el cual se instauró también la distancia física como un mecanismo contra la propagación de los contagios? Pasábamos las horas queriéndonos en solitario, buscando formas de cómo embonar nuestros impulsos de movimiento a una diagramación sanitaria imaginaria dentro de nuestra casa; pues, claro, había días en que teníamos que salir a proveernos de víveres, y existía la posibilidad de que el virus se hubiera pegado a una de nuestras prendas, a la suela de los zapatos, a nuestro cabello. Y empezaba la imaginación a diagramar los posibles lugares a donde el virus pudiera haberse desplazado desde nosotros cuando entramos en la casa, no obstante despojarnos a la entrada de ropa, zapatos, cubrebocas, guantes. "El virus pudo en un instante haber invadido ya tres metros del interior de la casa", decías. Y empezaba la loca especulación de en qué tramo espacial andaría.

Cómo agotábamos el pensamiento buscando formas de quemar el tiempo de sobra con que nos dotaba el encierro. Nos entregamos a la comunicación virtual con amigos como una benéfica adicción diaria. Ejercíamos nuestro sentido de competencia para ver quién inventaba un nuevo platillo. Fue la época en que con la reclusión descubrimos todos los abrazos rotos que nos habían acompañado en el tiempo previo. ¿Ocurrió cuando una mañana a ti se te desmoronó el omelette al momento de distribuirlo en nuestros platos, o fue cuando a mí se me olvidó lavar de inmediato la blusa que traía puesta cuando regresé de la calle?

¿Te acuerdas? Quizá todo colapsó cuando se nos perdió la mitad de un pollo adentro del refrigerador y nos dedicamos a recriminarnos mutuamente nuestro descuido durante horas, y desde entonces nos olvidamos de la comunicación virtual diaria con los amigos.

Los abrazos rotos, los previos y los que la pandemia nos dejó, a los que ni tú ni yo, ahora lo lamento, tuvimos la precaución de tomarles una foto.

***

¿Que qué voy a hacer cuando salgamos de esto? Iré hacia mí.

GUILLERMO ARREOLA es un escritor y artista plástico tijuanense. Cuenta con más de 20 exposiciones de pintura individuales tanto en México como en el extranjero. Es autor de los libros *La venganza de los pájaros*, (2006), *Traición a domicilio* (2013) y *Fierros bajo el agua* (2014).

Crónica de una despedida
Luis Humberto Crosthwaite

I

Hebert no celebró su cumpleaños número sesenta. Su mamá había sido hospitalizada unos días antes por una infección y no tenía ánimos de festejar. Junto con sus hermanos, Rebeca y Miguel, estaba pendiente de la salud de su mamá, que ya rebasaba los 90 años, y prefirió permanecer a su lado, con la esperanza de que su estancia en el hospital no fuera demasiado larga.

A mi amigo le encantaban las fiestas y cada año celebraba el 24 de febrero como una quinceañera. Acostumbraba tener invitados, bebida, música. Le gustaba el alboroto. No estoy seguro de cuántas veces celebraría el año anterior. Ya era marzo y seguía festejándose.

II

Regresé a Tijuana a mediados de febrero de 2019, bastante descompuesto. Era el punto más bajo de una depresión que me mantuvo aplastado varios años; un hoyo que yo lentamente fui cavando y que me tuvo cerca una década fuera de mi ciudad.

Mi sobrino me recogió en el aeropuerto de San Diego y me dejó en el Centro Cultural Tijuana. Mi aspecto era bastante lamentable, con maletas y cajas, me hubiera visto más normal en la central camionera. Me daba pena estar en el CECUT después de tantos años, pero ahí me citó mi amigo para presumir el espacio donde acababa de empezar a trabajar.

No recuerdo bien qué hicimos, quizás me llevó a cenar o directamente a su casa. Si tuviera que recrear el encuentro, diría que me recogió con una gran espátula, como si yo estuviera en un sartén y el cocinero me levantara cuidadosamente, asegurándose de que nada quedara pegado. Había dispuesto su cuarto de televisión, donde recibía a sus visitantes. Unas cobijas sobre el sillón y listo: ese sería mi hogar durante los siguientes 30 días.

III

Hebert picaba melón y papaya durante la mañana para tener algo que desayunar en su trabajo. Yo le veía sin tener mucho que decir, envuelto en silencios; él, en cambio, no paraba de hablar. Mi mente enlodada no podía seguir tantos hilos de conversación, todo tenía que ver con políticas culturales y programación de eventos, se notaba que le encantaba la vida de funcionario cultural. Quién lo hubiera dicho, pensé, había podido trasladar su amor por el teatro al amor por el papeleo, la burocracia y las juntas.

Hebert se iba a trabajar y yo me quedaba como esposa abnegada, esperando que regresara para escucharlo de nuevo. Mientras tanto me entretenía obsesivamente con Netflix. No hacía otra cosa que ver series y películas, con la mente en blanco y la boca abierta, bastante patético.

Mi amigo regresaba en la noche con más cosas que platicar, me invitaba a cenar o al cine. Se escandalizaba de que yo hubiera permanecido en casa y no hubiera hecho nada: "Se llama depresión", le recordé, pero él me ignoraba y de pilón aprovechaba para darme un buen regaño. Yo permanecía en silencio como un niño que se queda callado por temor a que la respuesta de sus padres sea un tremendo bofetón.

Durante esos días, la suya era la única voz que escuchaba. Los monólogos de Hebert cumplían el doble propósito de llenar de ideas mi cerebro vacío y darle a él alguien con quien hablar antes de irse a dormir. ¿Con quién hablaría cuando estaba solo? Recordando a mi mamá y a mi abuela, yo estaba plenamente convencido de que hablaba con él mismo.

IV

Nunca me pidió una fecha para que me fuera de su casa. Al contrario, era obvio que yo sería bienvenido ahí por los siglos de los siglos. Nuestras vidas, la humanidad, el mundo, el universo podrían acabarse y yo aún sería bienvenido en su casa. La carrilla llegó por su enfado de verme todo el día en piyamas: que tenía que hacer planes, que debía conseguir trabajo, que tenía que reiniciar mis motores antes de que se desvielaran por el desuso. ¿Qué puedes hacer? ¿Qué sabes hacer? ¿Por qué no escribes?

—Podría dar un taller.

—Está bien, ¿qué necesitas?

—Un espacio.

—Ahí está el CECUT, ¿qué más?

Lo que me hacía falta eran ganas de vivir. Había movido la palanca de los cambios a la letra P y no tenía fuerzas, deseos o la intención de moverla de ahí. Si fuera por mí, me quedaría en ese sillón, empolvándome, abandonado, hasta que alguien se quejara con la policía y una grúa me recogiera para arrojarme al yonque más cercano.

No era fácil rendirse delante de Hebert. Por fortuna el CECUT estaba dispuestísimo a recibirme y todos los semáforos estaban en verde.

—¿Por qué sigues estacionado?

—A lo mejor necesito un empujón.

—Yo no te voy a empujar, estás de bajada. ¡Prende el motor!

V

Además del desgano, la cabeza se me llenaba de peros. Uno de ellos era que yo no tenía una sola identificación mexicana.

Después de tantos años en el norte, el mundo oficial había borrado mi existencia. Aliado de mi depresión y de mi pesimismo, el SAT solo sonreía: sin identificación, no podía sacar mi llave electrónica, no podía facturar, no podía abrir una cuenta bancaria; o sea, no podía cobrar por el taller y el poco dinero que había traído conmigo estaba por agotarse.

Hebert resultó ser una mezcla de abuela preocupona y tía regañona. ¿Ya arreglaste eso? ¿Ya platicaste con este? ¡Arregla tus asuntos! Tu taller, tu taller, tu taller...

Un día me dijo: —Vamos a hacer una representación de *Ramón y Cornelio* para recaudar fondos.

Ugh. Yo no quería. O sí quería, pero de preferencia en mi ausencia. "Luego me cuentas cómo les fue, ¿okey?" Por supuesto, me ignoró. Yo era como el novio que se rajaba antes de la boda. La escopeta estaba a la mano, me decía que yo no tenía otra opción más que asistir. Todos los días lo mismo: ¿ya le hablaste a tus amigos?, ¿ya empezaste a promover el evento? ¡Tienes que diseñar un cartel!

Jaime Cháidez me invitó para una entrevista en su programa de radio. Platicamos sobre Ramón y Cornelio, recordamos que yo había escrito ese texto hacía un par de décadas y que lo primero que había hecho, al terminarlo, fue citar a Hebert para leérselo:

—Desde un principio, cuando lo estaba escribiendo, me lo imaginé como algo que se podría leer en voz alta, como teatro en atril; así que cité a Hebert en el Merlot y junto a un par de tortas se lo leí completo.

No lo dije así de corrido. Mi amigo también estaba en la cabina de radio y aprovechó cada instante para acotar mis palabras, interrumpirme y corregir mi memoria.

—Porque primero fue *Ramón y Cornelio* y después lo volviste novela, *Idos de la mente*. —Era una precisión que le gustaba hacer.

VI

Con el tiempo nuestras conversaciones se volvieron nostálgicas. Añórabamos aquellos tiempos: la gente, la música, el ambiente. Nos daba por platicar de los programas de televisión que veíamos de chiquitos. Aprovechábamos cualquier oportunidad para presumir nuestra amistad de casi cuarenta años. Había cierta vanidad en ello, como si no hubiera otras amistades tan duraderas.

VII

En la prepa yo era un ser extraño. Me gustaban el teatro, la música folklórica, la lectura y escribir: mucho, mucho escribir. Me encantaba inventar poemitas y leérselos a las muchachas. Me gustaba el show. Afortunadamente, los extraños se atraen unos a otros, me juntaba con músicos y teatreros.

Olvidé que la escuela era para estudiar y dejé de entrar a clases. La prepa era un lugar de reunión, de diversión, de pláticas interesantes y chistosas. No había tiempo para los estudios. Conocí a Manuel Villaseñor y nos empezamos a frecuentar. De pronto, la escuela ya no fue suficiente y nos encaminábamos a su casa, donde su mamá nos preparaba deliciosas gelatinas. Pasábamos horas platicando. Un arsenal de temas.

VIII

Fue Manuel quien me presentó a Hebert. Él era un par de años mayor que nosotros y parecía ser el líder de un grupo de amigos: Isabel Rolón, Soco Tapia, Lilian Tapia y el propio Manuel. Eran teatreros y bailarinas que después se hicieron llamar Theatrón. Yo me volví algo así como un miembro honorario.

Nuestros lugares de reunión favoritos eran los que permanecían abiertos las 24 horas. Nos sentábamos siempre junto a la misma ventana, por la noche, a deshoras.Y platicábamos. Y nos burlábamos. Y nos reíamos de todo. Los temas nunca se agotaban. El más ingenioso y chistoso era Hebert: no había anécdotas a las que no pudiera darle vuelta para mostrar el lado cómico. Y era el rey del albur.

IX

Cuarenta años después, Isabel y yo lo oíamos platicar y nos preguntábamos cómo era posible que no cambiara. Hebert estaba por cumplir sesenta años y todavía enarbolaba el albur como un blasón. No importaba el tema, por más serio que fuera, siempre desembocaba en algo chusco, una referencia sexual. Era Peter Pan, juguetón, divertido, vivaracho, negándose a envejecer. Sacando la lengua a los demás, a nosotros, bola de adultos aburridos.

X

Eventualmente dejé su casa y continué mi camino. Empecé mi taller. Él dejó su puesto en el Centro Cultural Tijuana y encontró otro como coordinador de una casa de la cultura en el Instituto Municipal de Arte y Cultura. Vivíamos muy cerca, como a cinco cuadras de distancia. Yo caminaba a visitarlo. Seguimos saliendo a cenar y al cine. Me llamaba por teléfono con regularidad para ver cómo estaba, para planear algo.

Hebert era un hombre de amor y rituales: todos los sábados llevaba a su mamá a comer y posteaba la foto en Facebook, pero no solo eso: todas las noches la iba a visitar, le dedicaba unos momentos y ella le decía "¿Qué haría sin ti, Heberito?" Él había prometido no dejar que se rindiera, estar con ella siempre, acompañarla hasta el final.

Los domingos se los dedicaba a Leo, su sobrino nieto. No había forma de ver a Hebert ese día. Era una rutina establecida que empezó cuando Leo era muy pequeño.

XI

Tenía varios días enfermo cuando me avisó que algo andaba mal, eso fue el 7 de abril. Tenía tos y fiebre "Ya me dio el Maldito Bicho", me dijo. Era martes y se había empezado a sentir mal el miércoles anterior.

No me checaba. Las últimas veces que lo vi se notaba muy angustiado por el virus. Era muy importante no enfermarse, sobre todo por su mamá. Cuando una persona se angustia tanto, es obvio que se cuida más, incluso de más. ¿Cómo era posible que se enfermara?

—Yo creo que tienes influenza, agravada por tus angustias.

—Puede ser —me dijo—. Le he hablado a la gente con quien he tenido contacto y ninguna está enferma.

Me confesó que tenía una fobia a las enfermedades y era posible que se hubiera agravado por eso. Me pidió que por favor fuera a la farmacia por unos antibióticos que un doctor le había recetado por teléfono. Los llevé a su casa, los dejé afuera de su entrada, platicamos de lejos.

El día siguiente, le llevé un caldo de pollo e igualmente lo dejé afuera de su casa.

—¿Cómo estás?

—Mejor. —Hablaba y tosía, hablaba y tosía.

Me mandó algunos mensajes. "Si voy al hospital, te voy a pedir por favor que le lleves a Rebeca mis tarjetas de crédito, ella ya tiene el nip. Las voy a dejar debajo del tapete de la entrada". Le dije que sí, pero me pareció que estaba exagerando. ¿Para qué habría de ir al hospital? ¿Por un simple gripón? Con que se cuidara y tomara su antibiótico y se dejara chiquear por los amigos era suficiente.

"¿Cómo estás?"

"Ahí voy, anoche momentos de tos. Feos".

"Pero estás mejorando".

"Creo que no, al contrario, me siento cansado".

El 9 de abril, me pidió que le llevara un dinero a su hermana Rebeca. Había pasado la mañana desinfectando los billetes.

El 10 de abril me dijo que se iba al hospital, que había dejado las tarjetas debajo del tapete y que no había alcanzado a esterilizarlas. Yo todavía estaba en la negación. ¿De veras era necesario el hospital? No podía ser más que una gripota. Trataba de racionalizar la enfermedad de mi amigo, no era posible que tuviera el Maldito Bicho, tenía que ser cualquier otro virus, uno amigable, tolerante, alguno que entendiera que las enfermedades no llegan cuando alguien se cuida tanto. Aun así, empecé a tener miedo. Pasé por las tarjetas, Hebert las había dejado envueltas en un guante de hule, y las recogí con una toallita antibacterial. No se las llevé a su hermana de inmediato. En mi casa las lavé con alcohol, dejé que se secaran y las lavé nuevamente el siguiente día.

En casa de su mamá, su hermana se veía preocupada. Todavía optimistas, Miguel y yo bromeamos que esto no era otra cosa que una exageración de parte de la persona más exagerada que conocíamos. Le mandé mensajes a Hebert, diciéndole que ya había dejado las tarjetas, que no se preocupara por ellas. No me respondió.

XII

Vinieron días de angustia. Encerrados en nuestras casas, sus amigos nos lamentábamos sin perder la esperanza. Después de todo, Hebert no era un anciano, no tenía diabetes ni presión alta ni sobrepeso, nada que lo pusiera en peligro. En el remoto caso de que se tratara del Maldito Bicho, iba a ser solo un gran susto y podríamos vernos de nuevo y platicar y reírnos y darnos carrilla como antes.

De la nada, mi optimismo se vino abajo el 12 de abril. Las noticias de su salud eran escuetas y por el lado de "está delicado pero estable". Mi cerebro depresivo decidió jugarme una mala pasada y meterme una idea en la cabeza: "¿y qué tal si se muere?" No solo él, me dijo mi cerebro, "¿qué tal si mueren él y luego todos tus seres querido y te quedas solo?"

Puto cerebro, puta depresión. Lloré como desesperado. Luego de un rato comí algo dulce y lo contradije: Hebert no se va a morir. Pura madre que voy a dejar que se muera. Nos vamos a morir tarde o temprano; pero, sea cuando sea, él y yo nos moriremos el mismo día. Claro que va a salir de esta. Su cuerpo se va a enmendar porque tiene que ver a su sobrino todos los domingos y tiene que llevar a su mamá a la Casa del Mole, y tiene que seguir tomándose fotos con ella y subirlas a Facebook.

XIII

Hebert había inventado una tonadita que le gustaba cantar. Solo decía "coronavirus, coronavirus, coronavirus...", daba unos pasitos de baile y decía que la cantaba a ritmo de merengue. Era tan pegajosa que yo mismo la cantaba en mi casa. El humor en los tiempos del COVID-19.

Aún ahora que escribo estas líneas, ronda la melodía en mi cabeza. A veces tengo que parar porque se me llenan los ojos de lágrimas. En el fondo de mis pensamientos, lo escucho reír, diciéndome "Luisum" o "amiguito". Lo veo abrazarme y darme un beso en la mejilla. En este justo momento me está regañando y yo tengo que dejar la escritura para escucharlo porque vuelvo a quedar como un niño, sin palabras. Yo creo que me ve en mal estado porque deja de regañarme y empieza a repartir palabras de consuelo. Cambia el tema de la conversación: está sonriendo y se le hacen hoyuelos en las mejillas. Se parece al muchacho que conocí hace tantos años. Me dice que ama su trabajo en la Casa de la Cultura, me habla de sus alumnos en el diplomado y de los profes que coordina. Solo vuelve a regañarme porque no he ido a visitarlo en su nueva oficina.

—A ver cuándo vas, pinche güey.

—Sí voy a ir, le digo. Voy a ir muy pronto nomás pase esta cuarentena, vas a ver que sí.

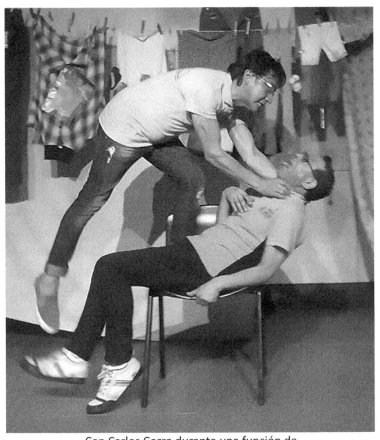

Con Carlos Corro durante una función de
¡A improjuanear se ha dicho! (2007).

Hasta entonces
Carlos Corro

Hablar de ti me resulta complicado porque no sé por dónde empezar. No podría separar al director de teatro, al maestro o al gestor cultural, del compañero, el esposo, el cómplice, el amigo. Y es que el paquete venía completo y así completo lo recibí, y así completo lo disfruté y lo viví durante casi 37 años.

Pero en este momento, quiero dirigirme al maestro de teatro, al director, al gestor, que por casi 40 años compartió sus conocimientos y experiencias con sus alumnos y compañeros. Al que con su creatividad llevó a escena más de 30 obras, que fue el precursor de las temporadas de teatro en Tijuana; no de cuatro o cinco funciones, sino de temporadas largas... algunas obras duraron dos años en cartelera, o cumplieron más de 100 representaciones. Quizá las más representativas son *Ramon y Cornelio* y *La Campesinela* que se han presentado por más de 20 años en diferentes escenarios. Algo inédito para Tijuana.

A ti te debemos la creación de dos importantes compañías de teatro: Theatrón y La Compañía del Sótano, también la formación de la Liga Bajacaliforniana de Improvisación y el Diplomado en Actuación Vivencial como parte del empeño en tu crecimiento personal, y el de tus alumnos; pero, sobre todo, por tu compromiso con el fortalecimiento del teatro en la ciudad y en el estado, en tu lucha constante por el arte.

De ti aprendí que me debo de ganar el lugar en el escenario, que no me debo de conformar con lo primero, sino intentar siempre dar más, que debo de seguir buscando, seguir encontrando y volver a buscar dentro de mí para dar lo mejor en cada función. Admiro tu coherencia, siempre fuiste congruente con lo que pensabas, lo que decías y lo que hacías. No te conformabas, no te quedabas callado; eras un movedor de estructuras y conciencias. También debo decir que frente a la injusticia te complicabas en pensamientos y te desgranabas en frases inarticuladas que transparentaban tu rabia, tu rostro se enrojecía, tus movimientos se tornaban explosivos, a ese Hebert no lo calmaba nadie. Y eso te ayudó a luchar por lo que tú creías justo: llevar el arte a todos los niveles sociales, a las diferentes colonias y lugares de Tijuana. Eras un luchador incansable.

También aprendí que la función debe continuar y que el teatro no es solamente un espacio en un edificio, sino que el teatro o el espacio escénico puede ser una banqueta, la plataforma de un tráiler, un jardín, unas escaleras: en cualquier espacio surge la magia.

Fuiste formador de varios centenares de actores, le diste un fuerte impulso al Foro Enrique Nolasco, que ahora es conocido como Foro del Sótano de la Casa de la Cultura de Tijuana. En ese espacio formaste a actores, le diste vida a varias puestas en escena, se crearon las temporadas y también en ese espacio fuimos censurados; pero esto le dio más fuerza y más vida a La Compañía del Sótano.

Y por todo esto no dejaremos de insistir para que el teatro de La Casa de la Cultura de Tijuana, que tú habitaste y al que diste vida como nadie, lleve tu nombre. Como alguien comentó: "Un gran teatro merece llevar el nombre de un gran personaje". Y ese eres tú.

En la vida enfrentamos batallas y victorias, juntos y otras de manera individual, pero sabíamos que estábamos el uno para el otro; sabíamos que podíamos compartirlas. También compartimos momentos tristes, otros felices y divertidos, pero así es la vida o de eso se trata la vida y todo eso me ayudó a crecer como ser humano. Asiento ante tu destino, ante tu partida, ante tu ausencia física. Aunque me sigue doliendo saber que no habrá más llamadas, más reuniones para cenar, para ir al cine o simplemente para vernos. Pero también agradezco a Dios y a la vida que nuestros caminos se hayan encontrado y mantenido unidos hasta el final de tus días, porque nunca rompimos el vínculo que nos unió.

Me siento afortunado de haber sido tu amigo, tu alumno, tu cómplice, tu esposo, tu compañero y de que juntos hayamos aprendido a ser y crecer. Nos volveremos a encontrar, cuando termine mi tiempo de estar en este mundo. Hasta entonces, morro. Gracias

CARLOS CORRO es licenciado en Oceanología y Administración de Empresas por la Universidad Autónoma de Baja California. Como actor ha participado en numerosas puestas en escenas, donde destacan *Siempre dije que no*, *En altamar*, *Rebelión*, *¡A improjuanear se ha dicho!*. Miembro fundador de La Compañía del Sótano, que actualmente coordina.

CRONOLOGÍA

1960
Nace el 24 de febrero.

1978
Ingresa a la Licenciatura en Derecho de la UABC.

1982
Inicia como maestro en la Casa de la Cultura de Tijuana.

1983
Estrena **Las manos de Dios**, de Carlos Solórzano.
Funda la compañía Theatrón.
Estrena **Variaciones de un amor desolado**.

1984
Estrena **Octubre terminó hace mucho tiempo**, de Pilar Campesino.

1985
Estrena **Noche con tres lunas**, de varios autores.

1986
Estrena **Siete pecados en la capital**, de Otto Minera.

1987
Estudia en el Núcleo de Estudios Teatrales (NET), Ciudad de México.

1992
Actúa en **En esta esquina**, de varios autores.
bajo la dirección de Ignacio Flores de la Lama.

1993
Estrena **Siempre dije que no**, de varios autores.
Funda la Compañía del Sótano.
Estrena **Viejos amores en el nuevo mundo**, de LH Crosthwaite.

1994
Actúa en **Yerma**, de Federico García Lorca,
bajo la dirección de Ugo Palavicino.

1995
Estrena **Pluto, el dios de la riqueza**, de Aristófanes.
Estrena **5 y 10**, de Hugo Salcedo.
Actúa en **Sueño de una noche de verano**,
bajo la dirección de Ugo Palavicino.

CRONOLOGÍA

1995

Secretario General de la Coalición de Maestros
de la Casa de la Cultura de Tijuana.

1996

Estrena **La campesinela**, de Hebert Axel González.

Actúa en **Compañía**, bajo la dirección de Ugo Palavicino.

1997

Estrena **La rosa de oro**, de Carlos Olmos.

Estrena **En altamar**, de Slawomir Mrozek.

1998

Estrena **¿Qué pasó con Schuachenáguer?**, de varios autores.

1999

Estrena **¡Fuenteovejuna mató al director!**, de LH Crosthwaite.

2000

Actúa en **La mandrágora**, bajo la dirección de Ugo Palavicino.

2001

Estrena **Ramón y Cornelio**, de LH Crosthwaite.

2003

Dirige **Pedro y el lobo**, de Sergey Prokofiev, con la Ópera de Tijuana.

Estrena **Rebelión**, de Gerardo Mancebo del Castillo Trejo.

Candidato a diputado federal por el partido México Posible.

Se casa con Carlos Corro.

2007

Estrena **¡A improjuanear se ha dicho!**

Obtiene la maestría en Terapia Gestalt.

2009

El Foro del Sótano es cerrado al público.

2017

Coordinador general de la Casa de la Cultura de Tijuana.

2019

Coordinador de la Casa de Cultura de San Antonio de los Buenos.

2020

Fallece el 19 de abril por complicaciones derivadas del COVID-19 en el
Hospital General de Tijuana.

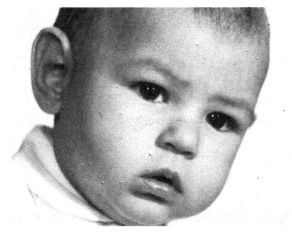

Los Mocos era un grupo de amigos formado por Lilián Tapia, Manuel Villaseñor, Isabel Rolón, Soco Tapia y Hebert. En 1983 se convertirían en Theatrón. Foto de Arturo Marrón.

Abajo, parte del elenco de *Las manos de Dios*, de Carlos Solórzano, que Hebert dirigió ese mismo año y que incluyó en el reparto a Luis H. Crosthwaite.

Con Carlos Corro en 1988.

Foto: Luis H. Crosthwaite (1990).

Elenco de *Siempre dije que no*. Con esta puesta en escena se inauguraría La Compañía del Sótano en 1993.

De izquierda a derecha: Vianey Herrera, Manuel Villaseñor, Liliana Cota, Rigoberto Montijo, Ari Hernández, Luz Huerta, Elsa Martínez, Sergio Limón. Abajo: Hebert, Joaquín Pérez y Carlos Corro.

Manuel Villaseñor, Liliana Silva, Hebert, Domingo Natteri, Hilda Sánchez y Sergio Limón con el director argentino Ugo Palavicino.

Develación de las 100 funciones de *¡A improjuanear se ha dicho!* en el Café Literario de la Casa de la Cultura de Tijuana.

Como Mr. Smith en *La cantante calva vista por Renoir*, de Ugo Palavicino. Función en la Alianza Francesa de Tijuana (2013).

Arriba: sábados con su mamá, Rosario Sánchez Rosete.

Izquierda: domingos con Leo, su sobrino nieto.

Abajo, con Carlos Corro en 2015.

Foto: Ieve González.

Ensayo de La Campesinela en el Centro Cultural Tijuana.
Foto: Laura Durán.

ÍNDICE

La presente edición de

HEBERT AXEL:
VIDA Y PASIONES
DE UN TEATRERO NORTEÑO

Está dedicada a la memoria
de Soco Tapia Rolón
(1957-2021)
¡Mocos foréver!

Se diseñó en Talleres Casaverde,
La Mesa de Tijuana, B.C.
en febrero de 2022.

La edición estuvo al cuidado
de Karla Rojas Arellano
y Luis Humberto Crosthwaite.

Agradecemos a los fotógrafos
que amablemente autorizaron
el uso de su obra.

Made in the USA
Middletown, DE
05 June 2023

32112732R00139